普米族是中国具有悠久历史和古老文化的民族之一。普米族自称"普日米""普因米""培米",在普米语中,"普""培"都是"白"的意思,而"米"意为"人"。所以各地称呼略有不同,但含义皆为"白人",也含有"纯洁高尚的人"之意。1960年,根据本民族意愿,采用"普米"作为统一的民族名称。

走近中国少数民族丛书
主编/丹珠昂奔

普米族
Pumizu

朱凌飞 杨周明 著

辽宁民族出版社

© 朱凌飞 杨周明 2014

图书在版编目（CIP）数据

普米族/朱凌飞，杨周明著.—沈阳：辽宁民族出版社，2014.12（2020.5重印）
（走近中国少数民族丛书/丹珠昂奔主编）
ISBN 978-7-5497-0935-9

Ⅰ.①普… Ⅱ.①朱… ②杨… Ⅲ.①普米族—民族历史—中国 ②普米族—民族文化—中国 Ⅳ.①K286.6

中国版本图书馆CIP数据核字（2014）第310586号

走近中国少数民族丛书·普米族
ZOUJIN ZHONGGUO SHAOSHU MINZU CONGSHU·PUMIZU

丛书策划/李凤山

出版发行者：	辽宁民族出版社
地　　　址：	沈阳市和平区十一纬路25号　邮编：110003
印　刷　者：	晟德（天津）印刷有限公司
幅面尺寸：	170mm×240mm
印　　张：	12
字　　数：	170千字
出版时间：	2014年12月第1版
印刷时间：	2020年5月第2次印刷
责任编辑：	李凤山　吴昕阳　李璜
封面设计：	杜江
责任印制：	杨雪
责任校对：	边京爱
标准书号：	ISBN 978-7-5497-0935-9
定　　价：	38.00元

网　　址：www.lnmzcbs.com　　邮购热线：024-23284335
淘宝网店：http://lnmz2013.taobao.com
如有印装质量问题，请与出版社联系调换　　联系电话：024-23284340

《走近中国少数民族丛书》编辑委员会

主　编／丹珠昂奔（藏族）

副主编／武翠英　张学进　李凤山（蒙古族）

编　委／(按姓氏音序排列)

巴哈提（哈萨克族）	白庚胜（纳西族）	白兰英（蒙古族）
陈　丹（彝族）	杜　江	黄如猛（壮族）
金顺玉（朝鲜族）	李　璜	李　欣（朝鲜族）
李有明（回族）	吕　怡	莫福山（藏族）
权春哲（朝鲜族）	萨仁图娅（蒙古族）	佟　强（蒙古族）
吴昕阳（满族）	徐　凯	殷德俭
张学林（朝鲜族）	钟廷雄（壮族）	朱　虹（蒙古族）

《走近中国少数民族丛书》作者名录

《蒙古族》 萨仁图娅（蒙古族）
《回族》 许宪隆（回族） 张龙（汉族）
《藏族》 丹珠昂奔（藏族）
《维吾尔族》 艾克拜尔·吾拉木（维吾尔族）
　　　　　买力克·买买提（维吾尔族）
　　　　　伊利迪尔（维吾尔族）
《苗族》 石莉芸（苗族） 李云兵（苗族）
《彝族》 陈国光（彝族）
《壮族》 黄佩华（壮族）
《布依族》 周国炎（布依族）
《朝鲜族》 黄有福（朝鲜族）
《满族》 于今（满族）
《侗族》 杨筑慧（侗族）
《瑶族》 玉时阶（壮族）
《白族》 董建中（白族）
《土家族》 罗中（土家族） 罗午（土家族）
《哈尼族》 朱志民（哈尼族） 李泽然（哈尼族）
《哈萨克族》 艾克拜尔·米吉提（哈萨克族）
　　　　　　伊拉达·拉音别克（哈萨克族）
《傣族》 赵瑛（傣族）
《黎族》 罗文雄（黎族）
《傈僳族》 鲁建彪（傈僳族） 欧光明（傈僳族）
《佤族》 郭锐（佤族）
《畲族》 钟亮（畲族）
《台湾少数民族》 林华（台湾少数民族）
《拉祜族》 苏翠薇（拉祜族）
《水族》 韦学纯（水族）
《东乡族》 马兆熙（东乡族） 马自祥（东乡族）
《纳西族》 白庚胜（纳西族） 孙淑玲（汉族）
　　　　　白羲（纳西族）
《景颇族》 金黎燕（景颇族）

《柯尔克孜族》 阿地里·居玛吐尔地（柯尔克孜族）
《土族》 祁进玉（土族） 东永学（土族）
《达斡尔族》 毅松（达斡尔族）
《仫佬族》 黎学锐（仫佬族） 黎炼（仫佬族）
《羌族》 雍继荣（羌族） 罗吉华（羌族）
　　　　周发成（羌族）
《布朗族》 陶玉明（布朗族）
《撒拉族》 马成俊（撒拉族） 马建新（撒拉族）
《毛南族》 韩德明（汉族）
《仡佬族》 周小艺（仡佬族）
《锡伯族》 阿苏（锡伯族） 盛丰田（锡伯族）
　　　　　何荣伟（锡伯族）
《阿昌族》 们发延（阿昌族） 张斯齐（蒙古族）
《普米族》 朱凌飞（汉族） 杨周明（普米族）
《塔吉克族》 西仁·库尔班（塔吉克族）
　　　　　　阿力木江·西仁（塔吉克族）
《怒族》 李月英（傈僳族） 张芮婕（傈僳族）
《乌孜别克族》 古丽巴努木·克拜吐里（维吾尔族）
《俄罗斯族》 乃珂热曼·依布拉音（塔吉克族）
《鄂温克族》 黄任远（汉族） 那晓波（鄂温克族）
《德昂族》 袁丽华（汉族） 王燕（汉族）
《保安族》 马少青（保安族）
《裕固族》 董潇红（裕固族） 王政德（藏族）
《京族》 吕俊彪（汉族）
《塔塔尔族》 卡米力·库尔马尤夫（塔塔尔族）
《独龙族》 李金明（独龙族）
《鄂伦春族》 王为华（汉族）
《赫哲族》 黄任远（汉族）
《门巴族》 陈立明（汉族） 张媛（汉族）
《珞巴族》 陈立明（汉族） 李锦萍（汉族）
《基诺族》 朱映占（汉族）

总序

中国是一个统一的多民族国家。几千年来，有着悠久历史和灿烂文化的少数民族，与汉族一道，在中华大地上繁衍生息，共同开发着这块土地，建设、发展、捍卫着这个古老而伟大的国家。各民族都是兄弟，相互离不开，都是这个国家的主人。习近平总书记在第二次中央新疆工作座谈会上发表重要讲话，指出："要坚定不移坚持党的民族政策、坚持民族区域自治制度。民族团结是各族人民的生命线。要高举各民族大团结的旗帜，在各民族中牢固树立国家意识、公民意识、中华民族共同体意识，最大限度团结依靠各族群众，使每个民族、每个公民都为实现中华民族伟大复兴的中国梦贡献力量，共享祖国繁荣发展的成果。各民族要相互了解、相互尊重、相互包容、相互欣赏、相互学习、相互帮助，像石榴籽那样紧紧抱在一起。""要在各族群众中牢固树立正确的祖国观、民族观，弘扬社会主义核心价值体系和社会主义核心价值观，增强各族群众对伟大祖国的认同、对中华民族的认同、对中华文化的认同、对中国特色社会主义道路的认同。"因此，坚持平等、团结、互助、和谐的社会主义民族关系，不断增进了解，深化友谊，建立牢不可破的感情基础，是中国社会转型期、改革攻坚期、矛盾多发期保持社会稳定、发展的基本要求，也是实现中华民族伟大复兴的中国梦的基本要求。

为了进一步宣传我国少数民族的历史文化和民族风情，增强对少数民族的认识，宣传党的民族政策和方针，加深对党的民族政策的理解，加强各民族之间的了解与沟通，让读者了解少数民族，中华人民共和国国家民族事务委员会文化宣传司和辽宁民族出版社共同组织了《走近中国少数民族丛书》。

《走近中国少数民族丛书》的编写有以下三个特点：第一，采用图文并茂的形式、鲜活生动的语言、特色浓郁的图片与丰富的民族常识链接，向读者展示我国55个少数民族的历史渊源、民族变迁、社会生活、文化艺术、风俗习惯、历史人物和民族区域自治政策的伟大实践。第二，作者多为本民族的专家学者和与民族研究工作相关的专家学者，对自己撰述的对象既有深厚的知识积累，也有真挚的情感。第三，内容彰显了历史与现实、民族文化与地域文化、民族区域自治地方与散杂居地区少数民族生产生活的多彩画卷和轨迹，引导读者走近少数民族，聆听他们的古老传说，感受他们的发展变化，加深彼此的沟通和了解。这套《走近中国少数民族丛书》是面向民族干部和各级干部通览我国少数民族概况的普及读本，也是图书馆的必备藏书。

《走近中国少数民族丛书》所揭示的每一个民族的历史，都承载着这个民族的文化，也承载着这个民族的发展和未来。中华大地孕育的55个少数民族多彩斑斓的民族文化，同汉族文化一道从远古走到今天，汇入了中华文化壮阔的历史长河。"共同团结奋斗，共同繁荣发展"，保护、传承和弘扬少数民族优秀文化，不仅是推动我国民族团结进步事业的重要内容，也是构建和谐社会、实现中华民族伟大复兴的中国梦的重要使命。期待通过《走近中国少数民族丛书》，使广大读者徜徉于少数民族多彩风情的同时，更加深刻地了解和认知中华民族多元一体的文化内涵，感受中华民族悠久历史的深远与厚重。

丹珠昂奔

2014年6月26日

前言

普米族 从"遥远"走来的民族

在2008年春节期间，我们第一次到了兰坪，第一次走进普米族山寨，第一次接触到普米族人。作为以民族学和人类学为专业的研究者，对中国的56个民族早已谙熟于胸，但对于大部分少数民族，我们的知识都仅仅停留在书本上，能够大致背出这些民族的源流、历史、风俗、生计、宗教信仰等，但对其文化却始终缺乏一种深切的认知和体验。对于作为"人口较少民族"的普米族来说，我们就更是陌生了。至于普通大众，往往更难从服饰、语言或体质特征等方面分辨出不同的少数民族。在与当地人逐渐熟识之后，他们对我们坦承：他们到了昆明或北京，常常被误认为是其他民族。当说到"普米族"时，只有少数人表示"听说过"，更多的人则对这一民族一无所知，这种状况也激起了普米族人深深的危机感，而把中华民族大家庭中的这一重要成员介绍给广大读者，也成了民族学者的重要职责。

普米族是中国具有悠久历史和古老文化的民族之一。普米族自称"普日米""普因米""培米"，在普米语中，"普""培"都是"白"的意思，而"米"意为"人"。所以各地称呼略有不同，但含义皆为"白人"，也含有"纯洁高尚的人"之意。1960年，根据本民族意愿，采用"普米"作为统一的民族名称。旧时汉族先后称普米为"西蕃""西番"，其与今羌语支所属部分语群同为旧"西番"的组成部分，作为一种民间记忆，云南省兰坪县大部分地区的普米族仍习惯自称"西番"。迁入云南省的普米，在民族识别工作组与族内知名人士协商的基础上，决定取消"西番"这一他称，于1960年改称"普米族"，成为中华民族大家庭的一员。为了更好地保障普米族人当家做主的权利，1987年11月27日，兰坪县被国务院批准设立为白族普米族自治县，成为全国唯一的普米族参与自治的县。同一时期，宁蒗县设立了翠玉傈僳族普米族乡，普米族人口2 689人（2007年数据）。据2010年第六次全国人口普查数据，全国普米族人口为42 861人。其中有42 043人居住在云南省境内，主要分布在云南省西北部的兰坪、永胜、维西、凤庆、香格里拉等县和宁蒗彝族自治县，兰坪、宁蒗两县普米族人数最多，是普米族的主要聚居地，兰坪县共有31个村为普米族聚居村，23个杂居村。在四川省西南部的木里和盐源两县也有普米人居住。

在本书中，我们着重以兰坪县河西乡箐花村委会为主要对象来介绍普米族的经济社会文化。在2000年，云南大学曾组织调查组对宁蒗普米族的社会文化进行过较为全面的调查，至2008年云南大学决定再次对普米族的传统文化变迁和社会结构调整进行综合调查时，我们决定选择普米族人口更为集中的兰坪作为调查点，并在当地干部群众的推荐下，我们来到了河西乡箐花村委会玉狮场村，这里保存着相对完好的普米族传统文化和良好的生态环境。早在2003年前后，音乐人陈哲就已选择了玉狮场村作为其"土风计划"的试点村寨，建立起文化传习馆，尝试在村寨中对普米族传统文化进行所谓的"活化传承"，随后几年，玉狮场村更是因"保护与发展"的问题而引起了社会各界的广泛关注。此外，在2006年5月8日云南省人民政府公布的《云南省第一批非物质文化遗产名录》中，箐花"普米族传统文化保护区"成为全省27个少数民族传统文化保护区之一，而玉狮场村则是这一保护区的核心区。显然，选择这样一个村寨作为田野点，对于民族学与人类学的研究是具有极大价值的，我们可以在此对学科所关注的诸多问题展开研究与讨论。

我们绝不敢说已经把握了普米族传统文化的精髓，本书中所呈现的也只是普米族社会中较为外显的一些文化形式和社会生活的基本状态。第一章中对普米族的源流和迁徙过程所作的陈述，除了说明民族史和生态环境方面的基本问题之外，也希望读者能够意识到，普米族民族文化的形成和生产生活中的诸多要素与此密切相关；第二章对木楞房的描述，不仅在于其建造技术、房屋格局或功能分区等物质文化层面的内容，更希望展现普米族人在特定空间中的社会文化，包括人伦关系乃至人神关系；第三章对民间艺术，包括"搓蹉"（舞）、"哩哩"（歌）、羊头四弦（乐）等内容的介绍，重点不在于对艺术本体的描述，而在于对民间艺术与民族文化和社会环境之间关系的探讨；第四章中描述的吾昔节、清明节、端阳节、中元节等节日，是普米族最为重要的节日，民族文化中最为重要的元素都在节日中——展现出来，节日也是对日常生活节律的调整；第五章介绍了普米族村寨中较为常见的祭三脚、祭龙潭、祭山神、退口舌仪式，意在阐明普米族人主要的宗教信仰，即祖先崇拜和基于"万物有灵论"的自然神崇拜，并进一步说明这种信仰所具有的社会功能；第六章介绍普米族一个重要的人生礼仪——婚礼，除了对婚姻观念、婚姻形式、婚姻过程进行基本的介绍之外，还希望对普米人社会关系网络的拓展有所展现；第七章介绍普米族的另一个人生礼仪——葬礼，着重叙述其中的"冗肯"（给羊子）仪式，意在阐明普米族社会中尊老爱亲的传统风尚及其被建构和不断强化的缘由；第八章选取了三则在兰坪箐花地区广泛流传的民间故事，探讨普米族民间文学对民族文化和社会生活的阐释方式；第九章为一个附加的，但或许是更为重要的部分，意在通过玉狮场村近十年来的变迁，对中国少数民族地区经济社会发展过程中可能出现的一些问题展开探讨；第十章收录了新中国成立以来普米族的部分优秀人物，作为展示，亦为激励。

以上内容并无法包罗普米族经济社会文化的方方面面，如饮食、服饰等内容并没有独辟专章，只是在相关内容里有所涉及。新近在普米族地区正在发生的一系列社会文化变迁也没法一一展现，如兰坪的产业结构调整、河西乡的民族文化建设等，因我们还在对这一变迁的过程进行持续的观察，待研究有所得时，将以另外的方式向大家汇报。

目录

总序 ……………………………………………………………………… 001
前言 ……………………………………………………………………… 003

第一章　源远流长普米人 ……………………………………………… 009
万水千山走来 …………………………………………………………… 010
先祖奠下"老地基" ……………………………………………………… 013
靠山吃山亦养山 ………………………………………………………… 017
一年年　一天天 ………………………………………………………… 024

第二章　木楞房：人、神共居之所 …………………………………… 029
为家人建一座木楞房 …………………………………………………… 031
生活在木楞房中 ………………………………………………………… 034
生活的中心：火塘 ……………………………………………………… 036

第三章　民间艺术：娱己、娱人与娱神 ……………………………… 043
执手联袂跳"搓蹉" ……………………………………………………… 045
怀古述今唱"哩哩" ……………………………………………………… 051
发明传统"羊头琴" ……………………………………………………… 057

第四章　节日：生活的节律与调整 …………………………………… 065
"吾昔"过大年 …………………………………………………………… 066
清明、"月半"祭亡灵 …………………………………………………… 073
端午"游山会" …………………………………………………………… 083

第五章　祭祀：祖先和神灵荫护下的村庄 …………………………… 087
祭三脚：祖灵庇荫 ……………………………………………………… 088
祭龙潭：风调雨顺 ……………………………………………………… 094
祭山神：出入平安 ……………………………………………………… 098
退口舌：驱灾避祸 ……………………………………………………… 100

第六章　用歌声装扮的婚礼 ... 105
婚事中的规矩 ... 106
婚姻的缔结 ... 110
婚礼进行时 ... 113

第七章　离世是回到祖先的身边 ... 121
在亲人的怀中离去 ... 122
亡灵最后的停留 ... 126
在羊子的引领下 ... 129
终将踏上归途 ... 135
诗比也将老去 ... 137

第八章　口耳相传的民族记忆 ... 141
人类起源：日月兄妹 ... 143
祖先崇拜："给羊子"的来历 ... 146
土地与族群：独石头的故事 ... 149

第九章　玉狮场：一个普米族村寨的现代变迁 ... 153
所谓"一个拒绝道路的村庄" ... 154
"道路选择"中的玉狮场 ... 158
修路带来的影响 ... 159

第十章　普米族区域自治与优秀人物 ... 169
普米族区域自治 ... 170
普米族优秀人物 ... 172

参考文献 ... 183
图片提供者 ... 184
后记 ... 185

第一章
源远流长普米人

　　普米族源出青藏高原，后经漫长的迁徙历史，终定居滇西北地区，主要分布在兰坪、宁蒗、维西等地区，与其他民族交错杂居，而在村寨内则多以氏族为单位居住，并奉行严格的"氏族外婚制"。出于游牧民族的传统习俗，加之滇西北的地理环境特征，普米族多居于半山缓坡地带，并在定居之后逐渐形成了耕牧并重的生计方式，在一年年、一天天的生产生活中，创造出与生态环境和谐共生的民族文化传统。

万水千山走来

据学者考证，普米族先祖原居于青藏高原，后历经漫长的迁徙，形成了现今的分布状况。

总体而言，普米族经历了西北河湟地区—川西南高地—滇西北高原三个阶段的迁徙历程。

普米族源出我国古代西部的羌戎族群，属氐羌支系，历史上与吐蕃较为接近。新石器时代后期，氐羌族群沿着金沙江、雅砻江、澜沧江等天然通道不断南迁。秦汉之际，他们的分布范围已达到了广大川西地区，过着游牧生活。

据学者考证，普米族历史上曾进行过三次大迁徙，第一次迁徙由青海玉树、果洛迁入四川甘孜、阿坝和凉山地区。普米族先民继续南下，第二次迁徙到达金沙江南北两岸的宁蒗、永胜和丽

兰坪白族普米族自治县县城一角
▼

江等地。普米族的第三次大迁徙，起自13世纪中叶，以普米族游牧户进入兰坪境内为标志。兰坪由此成为旧"西番"分布区域的南端。

第三次迁徙是普米族人口迁移和发展的重要阶段，也是云南普米族形成的重要时期。1253年，元世祖忽必烈兵分两路南征大理，西番所居之地是必经之路。拥有良马、善骑射的西番人，自然成为南征蒙古军的补充力量。元兵征调大批西番人随军征战进入云南，据《维西闻见录》："巴苴，又名西番，亦无姓氏。不知其为蒙古何部落也。"指的就是中途加入蒙古军队的西番人。元灭之后，留居在滇西北地区的西番各部，就是今普米族的主要组成部分。

兰坪县河西乡普米族的民族记忆也与历史记载有相合之处，在当地人的民间传说中，元朝蒙古族皇帝成吉思汗、忽必烈是自己民族的祖先，骁勇善战，带领自己的祖先南征大理国，统一了中国。

> **知识链接** **月饼送情报** 在兰坪县河西乡的普米人中还流传着"月饼送情报"的民间故事。元朝统治时期，中原广大人民不堪忍受统治阶级的残酷压迫，纷纷起义抗元。安徽濠州人朱元璋联合各路反抗力量准备起义，但朝廷官兵搜查得十分严密，传递消息十分困难。军师刘伯温便想出一个计策，命令属下把写有"八月十五夜起义"的字条藏入饼子里面，再派人分头传送到各地起义军中，通知他们在八月十五晚上起义响应。到了起义的那天，各路起义军一齐响应。起义军如星火燎原，徐达很快就攻下元大都，起义成功了。消息传来，朱元璋大喜过望，传令在即将来临的中秋节，让全体将士与民同乐，并将当年起兵时以秘密传递信息的"月饼"，作为节庆糕点赏赐将士。此后中秋节吃月饼的习俗便在民间流传开来。

在元明两军攻伐征战期间，普米族先民为元统治者驱使与明军大战，遭到重创，因而明军"八月十五"的胜利对普米族人来说不啻为一场灾难。至今，在兰坪县普米族中，仍然有"八月十五是纪念明朝杀普米族祖先的节日"的说法，因此普米族至今不过中秋节。这一习俗是特定历史条件下的产物。

普米族的迁徙历史充满了悲壮的色彩，由于历代统治者的压迫和驱使，普米族先民不得不背井离乡，或随军征战，或躲避兵祸，不断南迁，在沿途适宜耕牧之地，一些家族定居下来，形成了今天滇西北地区普米族村寨由北至南呈链状分布的特点。

在普米族葬礼中隆重的"给羊子"仪式中，会由一只洁白的绵羊（公或母因亡灵的性别而定）引领亡灵跋山涉水回到祖先的发祥地，祭师要念诵"戎坑"（指路经）指明认祖归宗的路线，从中我们可以一窥普米人民族记忆中的迁徙路线（详见第七章）。美国社会学家保罗·康纳顿说："如果说有什么社会记忆的话，那我就要争辩说，我们可能在纪念仪式上找到它。……我想论证，有关过去的形象和有关过去的知识，是在（或多或少是）仪式操演中传送和保持的。"

民族文化的舞台表演——给羊子

无疑，"给羊子"仪式使普米人对民族源流和祖先迁徙路线的记忆（或知识）得以不断强化，也在某种程度上强化了他们作为"外来民族"的族群意识。在2009年清明期间的一次上坟仪式中，某户普米族人家因坟地问题与邻近的一户白族发生了争执，一位普米族大妈哭诉道："我们普米族是到处流浪的人，到哪里都没有我们的地盘。"虽然普米族在兰坪定居已达六七百年，但这种"外来者"的记忆显然已成为一种深层的民族意识，在某种程度上也加深了普米族人对先祖故园的怀恋，西北草原似乎也成了他们的一种精神家园，基于族源的记忆，普米族人对西北地区的藏族、羌族等少数民族形成了更多的情感认同。

先祖奠下"老地基"

在普米人征战和避乱的迁徙过程中，一些家族逐渐定居下来，散落分布在今丽江市、怒江傈僳族自治州、迪庆藏族自治州的一些村落里。其中部分普米人来到了丽江石鼓，后陆续迁徙到兰坪，在今河西乡形成了箐花、大羊、联合、三界一带的普米族聚居区。

这部分普米族中有七八个家族在箐花各个村子定居下来，如箐口、杂木沟是尼铁、也玛家族，箐岩头是次里皮、松布、不铁三个家族，等等，至今仍保留了较为完好的普米族传统文化。

在2006年5月8日云南省人民政府公布的《云南省第一批非物质文化遗产名录》中，箐花"普米族传统文化保护区"成为全省27个少数民族传统文化保护区之一，而玉狮场村则是这一保护区的核心区。玉狮场最初的乖攘和日戎皮两兄弟从金沙江一带避乱逃出来后到处找地方，最后在河西箐岩头附近找到一块很好的平地，被称为"乖攘厦"（意即"乖攘的宅基地"），住了几年之后，因为土地狭窄，不利于发展，于是又重找地方，日戎皮迁往维西菊香，乖攘则来到了地势宽阔、土地肥沃的现址而定居下来。玉狮场坐落在老君山山麓之中，地处东经99°26′，北纬26°54′，海拔高度2 630米左右，当地气候条件和生态环境正适合普米族传统的畜牧业生计方式。

由于乖攘和日戎皮是两兄弟，因而时至今日，玉狮场的普米人与维西菊香的日戎皮家族虽然相距甚远，且各自分别采用了"杨""和"两个汉姓，且仍多有往来，但依然保持不开亲（通婚）的传统。

乖攘在玉狮场生育了三个儿子，繁衍为三个家族，即国娘（卓热来）、

◀ 普米族儿童

◀ 普米姑娘

阿刮、尼崩，后来迁入的果里家族（"果里"原为军士，守卫四川"左所"铁桥，后因祸出逃，定居玉狮场，繁衍出果里家族）与国娘等结拜为兄弟，形成了玉狮场的村落族系。前三个家族之间也保持不开亲的传统，而与果里家族则可以自由通婚。当然，零星迁入者只要是与原住氏族无血缘关系，也可自由恋爱，谈婚论嫁。

  从地理分布上看，"大分散、小聚居，交错杂居"是普米族分布上的一个显著特点。普米族主要分布在川西南和滇西北的广大区域，基本上连成一片。在同一区域内，坝区和河谷地带主要为白族、傈僳族，高寒山区多为藏、彝等民族，普米族则多居于半山缓坡地带。

  这种分布格局与普米族的历史文化有着密切的联系，一方面是普米族在民族发展过程中经历了漫长的迁徙历史，进入滇西北地区时定居的时间相对较晚，生存条件较好的坝区、河谷地带已被其他民族所占据，为了避免民族之间的矛盾和冲突，普米族选择了海拔较高的区域居住；另一方面是普米族的传统生计方式以畜牧为主，辅以农耕，而滇西北半山缓坡地带宜耕宜牧，对于牲畜来说，冬可下山避寒，夏可上山避暑，村民还可根据不同的海拔高度、气候凉热种植小麦、玉米、水稻或者土豆、燕麦、荞麦等农作物。因而，对于普米族来说，居于半山缓坡处的选择也算是适得其所。

由于这种半山缓坡地带极易发生泥石流、山体滑坡或干旱等自然灾害，因而普米族人尤其重视对生态环境的保护，他们敬畏、爱护森林，自称为"森林的朋友"。

◀ 高山草甸

普米神山
折布折亚

祭龙潭 ▶

　　此外，各民族在地理上的这种垂直分布，使普米族与其他民族形成了广泛而深入的经济文化交流，不仅在物资上互通有无，在文化上也互相学习借鉴，我们常可看到一些普米人除了本民族语言之外，还熟练掌握了白、傈僳、彝等语言，对于沟通各民族之间的交流、促进该地区的民族团结发挥着重要的作用。

　　在居住格局上，普米族居住区一般以村为单位，或同族聚居，或者与别的民族杂居。在村庄内部，普米族人又分为不同的"氏族"。一般而言，一个氏族通常共同居住于一个村落，但由于迁徙的原因，也有一个氏族居住在不同村落，甚至相距甚远的村落的现象，而在同一个村落中也有可能有一个或多个氏族共同居住。氏族是普米族人族群内部的一种群体认同形式，以祖先记忆为根据，他们具有共同的姓氏，并坚信氏族成员之间的血缘关系，其具体表现就是多以氏族为单位的"祭龙潭"仪式，基于此，普米族人人执行严格的氏族外婚制，其通婚圈以周边普米族村庄为主，鲜有本村内互婚的现象，同氏族通婚更被绝对禁止。家族是一个常被当地人忽略了的认同范畴，其小则为家户，大则为氏族，但其作为家户与氏族之间的一个过渡，在仪式和日常生活的利益关系中都是真实存在的。

靠山吃山亦养山

德国地理学家弗雷泽·拉采尔在19世纪末叶发表的著作《人类地理学》中提出了"环境决定论"的观点，他认为，人和动植物一样是地理环境的产物，人的活动、发展和抱负受到地理环境的严格限制。这种限制首先表现在特定的气候条件、地理环境、物产资源等，某一人群必然会在长期的生产生活中发展起一套与其生存的自然环境相适应的生计方式，以获取必需的生活物资，同时其活动也必然会对其生存环境产生一定程度的影响。譬如"靠山吃山"之说在一定程度上体现了环境决定论的观

◀ 猪肉

点。对于普米族而言，他们不光"靠山吃山"，同时他们也更为强调"养山"，在长期的历史发展过程中形成了一套人与自然和谐相处的生存之道。

畜牧经济

畜牧业是普米族传统的生计方式。普米族源出我国古代西部的羌戎族群，《说文·羊》释文："羌，西戎牧羊人也，从羊从人。"西戎指西羌，而古代戎羌互称，故西戎乃族称。羌人"所居无常，依随水草，地少五谷，以牧产为业"或"射猎为事"。玉狮场村的杨金茂老人说道，普米族祖先"生活以畜牧业为主，在高山上放牧，喜欢骑马、打猎、吃青稞、喝黄酒"，在普米族定居滇西北地区之后，仍然长期保持。景泰《云南图经志书》卷四记载的"无室屋，夏则山巅，冬则平野以居，而畜多牛马，有草则往，无草则移，初无定室所"的游牧生活。至今在玉狮场人

放牧归来的杨文铎老人

的生活中仍可看到这种传统的延续，牲畜仍然是大多数普米族家庭的重要财产形式，一般的家庭都会豢养羊、牛、骡、马、猪等家畜，多者达数十至上百头（匹），少者也必有十几头（匹）。

在十几年以前，普米族人仍较多地采用"放养"的方式养殖牲畜，他们将羊、牛、猪等赶到牧场或树林中，任其在林间、草地自由觅食，无需专人看管，到晚上也不必赶回家中，牲口自会在林间或岩下栖息，每隔十天半月，主人会上山照管一下，喂一些盐水，清点一下数量。每去一次，就会发现牲口长胖了一截儿，有时候还会发现牲口生下了小崽，给主人带来意外的喜悦。但也会出现牲口被林中野兽伤害的情况。这种放养的方式较为粗放，牲口的生长较为缓慢，但肉质上乘，非圈养者所能比拟。同时，这种放养方式因无需专人看管，也较少耗费人工。

近年以来，由于牲口的数量不断增长，村庄附近的草场已难以承载，村民们把牲口放到越来越远的山林里，为了防止牲口误食庄稼、毁坏农地，同时也担心牲口被盗，很多村民在牧场旁边建起了圈房，甚至长年住在圈房里，方便看管牲口。在离村庄不远的山林里放牧的人家，现在也需要有人跟着牲口群，早上赶出去放牧，晚上再赶回家中牲圈棚中。尤其在冬天的时候，因为牧草多已枯死，牲口难以在野外觅食，需要赶回家中，给牲口喂饲秋收时储存下来的麦秆或绿肥。

家养牲畜不光是普米人重要的经济收入，同时也是他们主要的肉食来源，在腊月间宰杀的牲口，除了过年期间食用一部分外，其余的都被腌制、风干，悬挂储存在火塘上方的房间里，经长时间的烟熏火燎，腊肉变得愈加美味。一年之中有亲友来访或偶尔改善生活，可以随时取来食用。将腊肉与鸡肉煮在一起，或者放入一些瓜、豆，就是一道独具风味的普米族美食了。

此外，牲畜的皮、毛等也被他们充分地利用起来，其中的每一个细节都在一定程度上体现出普米人游牧传统中独特的地方性知识。

譬如剪羊毛这一看似简单的活动，其中也隐藏着生活的智慧。剪羊毛通常在每年的3月和8月进行，此时天气逐渐转暖或尚未变凉，可以防止绵羊受冻。同时剪羊毛也需要掌握好天气状况，如果剪羊毛的前一天遇到下雨，那么第二天就不能剪了。雨水使羊毛潮湿，不易保存。羊毛剪下后，将羊毛按照黄、白、黑的颜色分类收集，待积累到一定的数量，即可开始羊毛纺织。

知识链接　**弹羊毛**　将可能板结的羊毛弹得松、软，同时也要把羊毛中混杂的一些渣滓清理干净，随后即可用特制的纺针将羊毛搓制成羊毛线。搓制出的羊毛线有粗、稍细、细三种，这主要靠搓线时搓制者的手的松紧和给出的羊毛的多少来控制，好的羊毛才能用来做细线，较细的羊毛线纺出的羊毛布质量好，多用来做衣服，粗的羊毛线容易断，主要用来制作毯子。羊毛线被绕成线团，在使用之前还需要经过一道蒸煮的工序，可以清洁羊毛线，并使其变得柔软而结实。

◀ 纺羊毛线的老人

普米人纺羊毛布并没有复杂的纺车，只需两根简单的木棍和两块穿孔的木片即可，相对于其他民族的纺织技术来说，其手工程度更高。有经验的人还可以夹杂不同颜色的羊毛，纺出各种花色和图案。羊毛纺织工艺决定了羊毛布的宽度都不会太大，约为成年人一拃之幅，长度却可以不断延展，可达十几米。

刚织好的羊毛布表面很粗糙，又硬又厚，揉搓可以使毯子变得柔软。揉搓羊毛毯的过程类似洗衣服，要将热水浸泡织好的羊毛毯，然后用脚反复踩踏、揉搓，直到羊毛毯的表面变得很细致为止。并且经过热水的浸烫之后，羊毛毯会缩小，纹理变得很细密。羊毛布晾晒之后被卷成卷儿，根据需要进行裁剪、缝制，制

纺羊毛布 ▶

作成毡帽、上衣、领褂、裙子或毯子等。

羊毛制成的服装最大的优点在于，当碰到雨天，羊毛衣外表被淋湿之后即变得异常紧密，雨水再无法渗入内里，且防寒性能进一步增加，对于常年在外放牧的普米人来说尤其适用。此外，这种羊毛衣经久耐用，一件衣服常穿上十多年，而一床毯子用上数十年也不是问题。

近三十余年以来，随着商品经济的逐步繁荣，人们能够更为便利地购买款式更多样、色彩更丰富、功能更分明的服装，穿着羊毛服装的普米人也越来越少，羊毛纺织技术也面临失传的危险。

多年以来，在兰坪县玉狮场村村口的一栋木楞房前，我们常可看到一位年过八旬的普米老妈妈坐在屋前纺线，她把别人家不要的羊毛收集过来，每天纺线、织布。她还惦记着要为每个儿子、孙子做一件羊毛衣，在他们外出放牧时防雨御寒。现在，玉狮场村村民组织年轻妇女跟这些老人学习纺织技术，使这项优秀的民族工艺得以继续传承下去。

此外，新中国成立前的普米人除了穿着羊毛衣衫之外，麻布衣也极为普遍。每户人家几乎都有自己的麻地种植大麻，在收获麻秆后经晾晒、浸泡、剥麻皮、抽丝等工序处理，得到麻线，用竹木织架纺织成布料，再用灶灰水煮烫去脂，晒干后搓揉，使之柔软。然后就可以将麻布折叠、平整，根据需要裁缝各种对襟麻布衣。20世纪80年代之后，手工麻布也在现代纺织工业的冲击下逐渐消失。

农耕经济

除了畜牧业之外，普米族人定居下来即逐渐适应了农耕生活。他们在村庄周围开垦出大片土地，并根据不同的海拔和气候条件种植不同的农作物。如海拔较低的土地，可以种植玉米、小麦、马铃薯等，海拔相对较高的土地则种植荞麦、燕麦、青稞等。在兰坪县玉狮场村就存在这种情况，村里的土地海拔从约

▲

畜牧业

2 400米到约2 800米,村寨位于中间地带,则村寨以下和村寨以上都种植了不同的作物,如此一来,村庄的农作物品种就相对较为丰富,也使村民的食物结构更为多样化。

近年来,根据普米族地区特殊的地理环境和气候条件,一些经济价值较高的农作物也被广泛推广种植,如核桃、花椒、白芸豆等,都有很好的收成,成为村民除牲口外另一重要的经济收入来源。中草药的种植也正在推广之中,如秦艽、重楼、玛卡等珍贵中药材,已有村民试种成功。

除此之外,传统的采集经济也没有从当代普米人的生活中消失,山林里丰富的林间野生产品,如山韭菜、竹叶菜、山白菜、蕨菜、竹笋等各种野菜,还有各种野生菌类,包括甚为珍贵的干巴菌、松茸、羊肚菌等,而如岩蜂蜂蜜,也时常可以在山林里找到,除了自家食用部分之外,还可以时常出售,在丰富村民的饮食结构的同时,也可补贴家用。

在滇西北的山林里遍长着"云南松",林下长年落下厚厚的松毛,村民将落地干松毛扒回来,在房前屋后堆成垛,根据需要铺垫在牲口圈中,在牛羊踩踏之后与粪便充分混合发酵,就成了

普米族的
绿肥——
干饲料

优良的农家肥,是地里重要的肥料来源。而田地里的庄稼在收割之后留下的秸秆,也被晾晒之后储存起来,成为冬季饲养牲口的草料。

普米族以农耕和畜牧业协调发展,野生物种资源为补充的生计方式,走出了"以草养畜,以畜肥田,用养结合"的路子,典型的模式是"畜多——肥多——粮多——畜多",如此循环增长,这是普米族人在长期的历史发展过程中积累起来的生活智慧。

在普米人的生活中,酒是不可或缺的,而其中最具特色也最负盛名的,当"黄酒"莫属,因其酒色呈浅黄色而被汉人称为"黄酒",而在普米语中则称为"醅"。据传,醅为轩辕黄帝的元妃嫘祖所创,历史甚为悠久。在远古时期,可谓一种奢侈品。醅是用去皮的大麦、小麦、荞麦、青稞等为主要原料,和着清水在大锅中煮熟后置于簸箕内降温,半温时加入本地的野生药材"制洽"(即龙胆草)制成的酵药,再盛入箩筐中密封发酵,等箩底发潮,酒液渗出,酒香飘逸时再盛入瓮内再度密封,存放于干燥通风处,半个月后就可以饮用。在瓮内存放的时间越长,酒性越浓。在饮用前打开瓮盖,注入凉开水,用野藤或青竹弯曲而成吸管汲出即可饮用。头道黄酒色黄味醇,酒度在30度左右,也有更烈者。头酒称为"新醅",用于孝敬老人、招待贵宾;此后二、三道黄酒为15度左右,称为"旧醅"。

> **知识链接** **古诗词中的"醅"** 诗人杜甫曾有诗云:"盘飧市远无兼味,樽酒家贫只旧醅。"表达出穷困的诗人倾其所有,以"旧醅"为友人接风洗尘的真诚。白居易在《问刘十九》中写道:"绿蚁新醅酒,红泥小火炉。晚来天欲雪,能饮一杯无。"表达了诗人在风雪将至,邀友共饮新醅的暖暖情谊。

现今大多数普米族人家里,但凡故人重逢,或家人团聚,都要围坐火塘,畅饮新醅。而当外出耕牧、休息之时也会席地而坐,享用旧醅。丧事中人们饮醅解忧,喜事中则饮醅助兴。因此,"酷"几千年来与普米族一路走来,已成为民族文化的重要标志。

普米族的传统宗教信仰以"万物有灵"为基础,自然万物都被赋予了一种灵性,他们相信山有山神、水有水神,对世间生灵都抱持一种尊重、敬畏之心,因而也就不会随意砍伐森林或破坏自然生态。此外,由于普米人日常生产生活与森林的密切关系,在他们的地方性知识中还形成了如"防风林""水源林""肥源林"等概念,对生态环境保护与防范自然灾害、可持续发展之间的关系具有一种朴素的认识和实践。

▸ 杨文锦制作的微缩木楞房(侧面)

普米人的传统建筑"木楞房"的建造需要使用大量的木料,而且普米人家中的火塘也要靠烧柴火来做饭、取暖,这些都需要消耗一定的林木,但普米人并不会对森林随意砍伐。对于盖房子的木料,他们早就掌握了"间伐"的经验,只选择那些已经成材的树木,不会成片砍伐,而对于柴火来说,他们更多的是去找树林中的风倒木,或者是一些难以成材的杂树,这样不光解决了火塘上的日常所需,同时也有利于林木生长,并对森林防火也发挥着重要的作用。若有森林火灾意外发生,则全村老少全部出动,上山灭火,自觉守护森林。

有研究者把普米族人这种对生态环境的认识和实践称为"山岳生态文化",可以将其概括为"基于传统泛神论信仰,融合长期的生产生活经验,对人与自然关系的一种认识和实践"。在当今生态环境已经成为国际性问题,给世界不同国家和民族带来严峻考验之时,普米族人对自然万物的敬畏、与生态环境和谐共处的经验体现出重要的现代价值,值得我们思考和借鉴。

火塘上做饭

一年年 一天天

在一年之中，依据气候节令的变化以及生计方式的侧重，普米族农村都有不同的农事安排。其实对于勤劳的农人来说，并不存在所谓"农忙"与"农闲"之别，借用玉狮场村一位主妇的话来说，就是："农村人总是有做不完的事。"而对于外部世界那些不了解普米族的人来说，这个民族一年之中都在忙什么呢？他们怎么安排一年的生产劳动，这也是一个极为有趣的话题。我们就以兰坪县箐口村委会玉狮场村村民一年的生产劳动周期，对他们的生计方式进行更为深入的了解。

在正月间，田地里的农活相对较少，但并不意味着村民们就得以清闲。在这个月中还得上山扒松毛积肥，对田边地角的枯草杂树进行清理修枝，要为开春后的生产做好准备。

二月间土地开始解冻，正是种洋芋（马铃薯）的好时机。在生活条件较为艰难的时期，洋芋曾是大部分普米族村寨的主食，即便是现在，他们忙于上山放牧或下地干活而没时间做饭时，也会煮上一锅洋芋充作午饭。此外,二月间还要把正月间砍下的杂树,或者山上的枯树锯断、劈开,堆砌在房前屋后,准备好足够一年使用的柴薪。

三月间,村民们开始忙着把牲口圈的农肥挖出来,铺散在院坝里晾晒干,然后或背或驮,运到地里,赶着黄牛翻犁耕地,准备播种玉米、荞麦以及各种瓜果菜蔬。

到了四月,玉米地、洋芋地长出了杂草,村民要先拔掉或锄掉杂草,然后在庄稼根部施上草木灰,既可杀灭病虫害,也为庄稼增加肥力,然后再培上土,以保持肥力并防止玉米倒伏。

五月开始进入繁忙的时节,村民们要忙着收割小麦,还要照管玉米。在看准天气将小麦割倒后,稍稍晾晒干燥就要及时运回家中,得跟随时可能到来的雨水抢时间。通常村里哪一家收割小麦了,会请邻里帮忙,集中力量收完一家的再去收另一家的。小麦在院坝里或挂在麦架上再进一步晾晒干,然后打场、扬场,收仓贮存。此时还要给玉米除第二道草,并在玉米的根部培土,以免大风大雨把玉米秆吹倒冲倒。

六月份还得继续忙碌,村民可以挖洋芋了,这也是一件重体力活,从地里挖出洋芋后,先用手工去掉泥土,然后或背或驮运回家中,对于每家人每年几千斤的产量来说,实非易事。此时玉米长势较快,玉米棒子已经长苞,需要及时施肥。

七月份一般雨水较多,村民们相对清闲一些,这时就迎来了

▶ 普米族的晾麦架

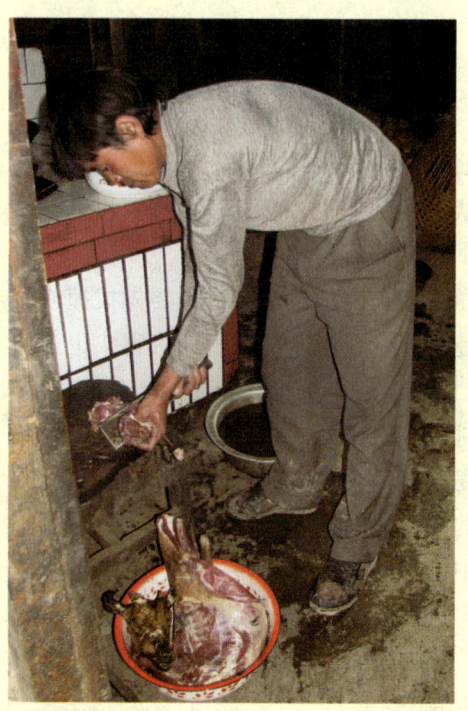

杨继宣家在准备年饭

普米族最为重要的节日之一——中元节。当然也不可能没事做，除了日常的放牧之外，还得陆续往地里运送小春的肥料了。

到了八月份又开始忙碌起来了，地里的玉米已经成熟，可以收获了。绿肥也等待着收割，晾晒干后贮存起来，是牲口过冬的重要饲草。九月到十一月间，天气渐渐变冷，田地里的活儿慢慢少了下来，但悬挂在家中房梁上成串的玉米棒子已基本晾干，可以脱粒了。同时，随着时间慢慢接近年关，圈里喂养的年猪也要抓紧时间催肥了。到了冬天，地里的菜蔬越来越少，还得备下一些干菜和腌菜，如蔓菁、萝卜、白菜等。

到了腊月，天气越来越冷，村民最重要的工作就是照顾好牲畜过冬，整修牲口圈，往圈里铺上厚厚的干松毛。同时，每家每户都开始杀年猪、置年货，准备好过新年。这个时候，在外工作或上学的年轻人也开始往家赶，与家里的亲人团聚，普米村寨开始热闹起来。

值得一提的是，近年来随着经济社会的不断发展，一些具有较高经济价值的农作物也逐渐出现在普米人的山地里，如芸豆、核桃以及各种适合高海拔种植的中药材等，在惯常的农事劳作之外，又增加了更多的繁忙。这样辛勤的劳作，在换来村民温饱的同时，生活也逐渐富裕起来。

此外，普米人一天中的作息安排也显现出特别之处，这同样与他们传统的生计方式和生存环境有着密切的关系。以玉狮场村为例，人们每天早上7点多钟，天刚蒙蒙亮就起床，主妇打好酥油茶，将麦面粑粑在锅里油煎或在火塘里烘烤，作为早餐。随后

普米族的饲料房

就开始一天的劳作,如果到远山放牧,就带上几个早餐剩下的粑粑或几个生洋芋,到下午1点多钟,就在田地里、山林中就便解决午饭。如果在村寨附近干活,中午回家也只是热一下剩饭菜,或煮一锅洋芋,吃完后又接着下地干活。一直忙碌到晚上7点多钟,才又返回家中准备晚饭。晚饭后还要把家中的活计做上一些,直到忙完,或者已经实在太累了,一家人才围坐在火塘边,或家长里短,或谈古论今,或看电视休闲。晚上10点多,劳累了一整天的人们慢慢睡去,普米寨子也归于宁静。

普米人历经艰难、曲折、漫长的迁徙,最终在滇西北的山林河谷中定居下来,一代代繁衍生长。这片土地为普米人提供了栖居之地,为他们解决了衣食之虞,他们也将这片土地视为自己真正的家园和乐土,正在用自己的勤劳和智慧将它建设得越来越美好。

第二章
木楞房：
人、神
共居之所

　　木楞房是普米族的传统居住形式，既体现出与生存环境的良好适应，也展现了民间工匠高超的营造技巧，同时还暗含着普米人的信仰体系和伦理观念。木楞房的建造基于"靠山面水"的原则选择地基，还要请祭师择定开工之日，并在搬新房时举行仪式。木楞房的不同部分体现出明显的功能分区，充分满足日常生活和耕牧生产的需要。木楞房不仅是一个居住空间，同时也是一个文化空间，尤其是在"火塘"周围，充分体现出普米人长幼有序、男女有别的家庭伦理。

一座年久失修的木楞房

对于人类的生存和发展来说，必须具备一定的物质基础，除了前文所提到的"食""衣"之外，"住"同样是一个重要的问题。正如中国古话"安居乐业"所言，先要"安居"，而后"乐业"。然而，住在什么样的房子里、怎样住，在受到一定地理环境制约的同时，也受到民族传统文化的深刻影响。在普米族的历史发展过程中，作为游牧民族，曾"所居无常，依随水草"，四处迁移，因而其居所也多"织柳为室，旃席为盖"。在定居滇西北地区之后，木楞房开始出现在普米人的生活中，这也是他们对当地自然条件与生态环境的一种积极的适应方式。

木楞房是普米族的传统建筑，从屋顶到墙壁、楼板，以及其中的家具，全部为木制，屋内长年不灭的火塘，熊熊燃烧的也是木柴。普米族在生活中大量使用木材，盖因其生活的滇西北山区、半山区森林覆盖率高，有着丰裕的林木资源之故。普米族人千百年以来的生活经验，使他们与树木、与森林结下了深厚的感情，在乡间也多能发现善于建木房和做家具的能工巧匠。

为家人建一座木楞房

建筑人类学注重研究社会文化的各个方面，研究人类的习俗活动、宗教信仰、社会生活、美学观念及人与社会的关系。正是这些内容构成了建筑的社会文化背景，并最终通过建筑的空间布局、外观形式、细部装饰等表露出来。在箐口村普米族民间艺人杨文铎老先生的指导下，我们通过数字建模，还原了传统的木楞房建筑形制，并对其文化空间进行了分析。

普米人的地基是氏族先祖早已选定好的，每一个氏族都有自己的"地盘"。普米村寨多居于半山缓坡地带，村寨布局多随山坡自然下降。在选地基时，也多遵循靠山面水的原则，因地形限制，对朝向问题并无太多考虑。

木楞房修建

一座完整的普米族传统民居总占地约300平方米，由5个部分组成一个四合院，上方为正房（普米语为"正代"），左右两侧为厢房（普米语为"泼罗"），下方牲口圈（普米语为"瓮"），中间平整的空地为院坝（普米语为"容迪"）。如下图所示。

起建木楞房需择吉日。一般来说，在木料已备妥、地基已平

木楞房模型

整、师傅已请下之后,主人家就会带上礼物到村中的"先生"家里,请问吉日。先生会问询主人家中各家庭成员、主要施工师傅的生肖属相,然后根据历书进行推断,避开"犯忌"的时间,最终择出一个大吉大利的日子为新房奠基。

在备料阶段,需将木料砍削成15厘米~20厘米径粗的八棱八面的柱体,木料两端锯出卡榫。同时,师傅还要在每根料子上标明其位置,如"前左一""后二""右三"等字样,这样做的目的是使建盖过程更为便捷,而且在以后如果需要拆建的话,也只需按照料子位置重新"组装"即可。而且卡榫结构除了使整栋木楞房不使用一颗铁钉、做到纯粹的生态环保之外,还利于使料子原来的形制和结构不被破坏,便于重复利用。而且,在柱体的"八面"中,四面较宽,为上下料子接触面和外立面,四面较窄,成为两根垒起来的木料之间的楔形缺口,除了给墙面保持原木的审美效果之外,更增加了木料组装和拆建时的便利性,尤其确保了木楞房的抗震效果。可以说,早在数百年以前,普米族人即已经掌握了现代建筑中的结构理论。

首先是木楞房墙体的建盖,也就是将准备好的木料逐层往上堆垛,约20层,形成木楞房的基本框架。墙体以"井"字形往上层层堆垛,每一层的堆垛使用4根木料,木料之间以卡榫钩连,严丝合缝,不留缝隙。堆垛到10层左右时,从第二轮处适当位置锯断约1.3米宽、1.6米高的口子,嵌入方料,成为门框。从门框上轮开始,在适当位置锯出母榫,安放7~9根楼楞,楼楞以上一般有10轮左右,可再开一道门。随后进行屋架建造,方法是取走廊和屋体进深总长的二分之一,于屋体两端之两侧各立一根骑柱,用来支撑大梁。架好梁,用椽条连接中柱和前檐柱梁,再按杉木长度把檩条横拴在椽子上,盖上房板,板上压石块以防风。

屋顶做成"人"字形两面坡结构以利排水,用薄木板覆盖,称为"木瓦"。木瓦是1米~1.5米长,厚约3厘米的木片,这种木片不是用锯改成,而是用粗径的原木撕成,其方法也颇讲技巧。

> **知识链接** **撕木片** 普米人的一项特技,掌握熟练撕板技术的工匠,撕板的效率比改板的效率高出很多。

先将原木锯成段，然后按木纤维走向在断面和树皮面成排打楔，按顺序对楔敲打，让木段出现裂口，然后就可按裂口一层一层剥离出木片来。撕出的木片顺木纤维走向有波浪形的凸凹沟槽，不像锯改木板那样平整，有利于雨水导流。屋顶房脊正中放一块白石头，表示为天神所在，天神庇护着住宅的安宁。

木楞房居室装修较为简单，仅在门窗的边框上或正房前檐雕刻一些花鸟鱼虫的图案。有的还在大门外悬挂牛羊及野生动物的骨头，含有祝愿牲畜兴旺和避邪之意。

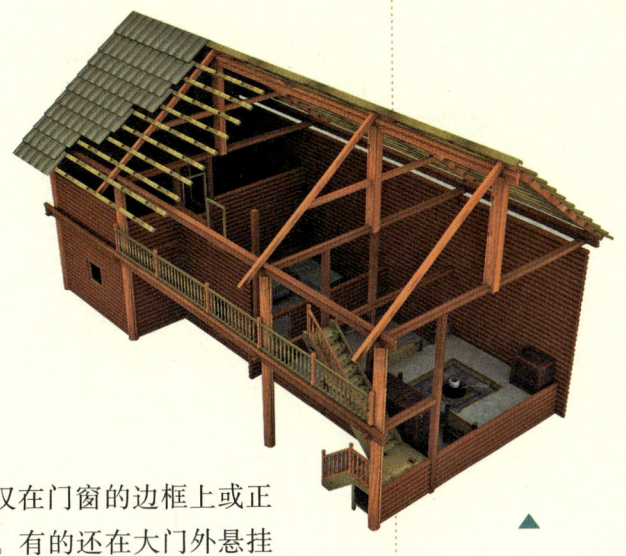

木楞房建模

安放火塘

搬新房也是一个重要的仪式，需择吉日举行。此外，在搬新房时最重要的一个环节就是安放火塘。前来贺新房的乡邻亲友每人带一件生产生活用具，如砍刀、茶壶、筛子等，以示帮助主人在新居里开始新的生活。一位德高望重的老人口诵吉语，引领众人进入火塘，并在火塘右侧床上坐下。家主燃起一把旺旺燃烧的柴火，放在火塘上的圆圈内，主妇再加上一抱柴火。父母端起铁

民族文化的舞台展演——祭三脚

三脚架放在火堆上,姐妹端来铁锅或茶壶放在三脚架上,然后往里盛满山泉水,烧开第一锅水,泡茶敬客。待柴火燃烧过半,火塘里有了火红的炭块后,老人用刚刚泡开的茶水,以及酒、肉、饭等开始祭三脚,把主人家喜迁新居的消息告知神灵祖宗,并求得保佑。当天,主人家要杀鸡宰羊,盛情款待来贺宾朋。晚饭过后,众人在院坝中燃起篝火跳"搓蹉",致以祝福。老人们说:"新地基土松,一家人压不住,大家尽情跳,把土踩实。"尤其重要的是,这一天当中,新房内的火塘必须从早到晚燃烧着。

生活在木楞房中

　　木楞房的每一个结构,都有其相应的功能划分,并形成了特定的文化空间,不仅表达和规范着人们的生活方式,同时也对人与人、人与神、人与祖先之间的关系进行调整。

　　畜牧业在普米族经济生活中占有重要地位,一般人家都饲养马、骡、牛、羊、猪等家畜,因而木楞房也首先要满足这一重要生计方式的需求。于是在院坝下方需要建有牲口圈。根据不同的房屋面积和养殖规模,牲口圈可大可小。牲口圈一般为上下两层,下层关牲口,上层堆放草料。考虑到普米族民居多建于山坡上,处于下方的牲口圈多低于院坝,也有环境卫生方面的考虑。但牲口圈还是与人的起居环境过于挨近,以至于苍蝇、跳蚤、蚊子等总

◁ 春节期间插在院坝里的青松枝

难以杜绝，给家人带来很大的困扰。出于这一考虑，有的普米人家开始将牲口圈与家屋隔离开来，或者主要将牲口养在远离村寨的圈房里。随着人们生活水平的逐渐改善，对环境卫生的要求也日益提高，人、畜分离的居住格局将成为普米族村寨的发展趋势。

左右厢房为厨房和杂物间，一般而言左厢房为厨房，但我们也看到有的人家将右厢房作为厨房，另一边则为杂物间，左右厢房的功能使用并没有一定之规，根据房屋所处方位、坐向、地形或方便起见而定。杂物间通常设在靠近大门一侧的厢房，往往用来堆放一些从地里收回来的农作物，如马铃薯、芸豆、核桃等。

中间的院坝也是一个重要的场所，厢房可能只有一间，但院坝则家家必有，除了一些日常活动和劳作在此进行之外，如婚礼、葬礼、春节中的一些重要仪式也需要在此举行。

在整个普米族民居中，最为重要的当属正房（"正代"），结构最为复杂，普米族生活空间中许多重要的社会文化功能在此得以体现。其基本结构如下图所示。

◀ 正房结构示意图

正房地基高于院坝约80厘米，由三级台阶连接，可防止雨水浸入，也可避免院坝中的鸡、猪等无意进入。正房一般为三间结构，通常为两层，前左侧有楼梯相连。楼上右侧里间为粮仓，木板楼可保持谷物的干燥。此外，每年"吾昔节"前集中大量宰杀

普米族民居正房

年猪,有的人家可达五六头之多,大部分被制成腌肉,晾挂于右侧外间,便于通风;楼上正中一间为未婚子女居室,结婚后他们将在老屋边上另建新房。有的人家也在正楼靠山墙供奉祖先牌位,但通常在火塘正面供奉,这将在后文进一步论述。

左侧楼上一般中空,下方为火塘,便于排烟。如果没有厢房,或厢房另作他用,则一楼右侧辟为厨房。厨房中建有灶台,装有两口大锅,靠墙的一口为人煮食,外侧一口为牲口煮食,前者略高于后者,这样既出于卫生的考虑,也方便将剩饭菜或刷锅水倒入牲口锅。若此间不用作厨房,也可作储物间使用。一楼中间为父母的卧室,靠近左侧的火塘间,便于照顾老人。此间不设火塘,若老人在世,则一户人家只能有一间可作为居室的火塘,否则有"另立门户"之嫌,会被视为不孝和家庭不睦;左侧为火塘间,是家中老人的居室,同时也是家中各种重要活动的场所。

生活的中心:火塘

火塘在普米族生活中占有重要地位,是日常生活和宗教仪式的中心,此间也颇多习俗和禁忌。

普米族火塘被称为"太平灶"(普米语为"黑里布"),区别于傈僳族、彝族等民族掘于地面的火塘。其距地面约60厘米,外

◀ 古老的火塘

围由木板围起,搭成一台子状,上面铺填以泥土,可起到隔热防火的作用,中间凹陷部分为生火处,上置三脚架。除正前方外,三面皆为床铺,宽约80厘米。也有的人家在正上方置供桌,供奉祖先牌位,祭以香火、果品。大多仅在右上角设一柜子,用以放置老人的烟、酒、糖、茶或其他日常用品,并以一铁链与三脚架相连。此铁链为分隔线,任何人不能跨越。左边床铺为爷爷(家中男性长者)所用,右边床铺为奶奶(家中女性长者)所用。火塘上方床铺严禁妇女坐、卧,通常情况下,家中儿媳或女儿、孙女只能站在火塘下面做饭做菜,为老人端茶送水。家中若有客人来访,都要迎上火塘就座,但女客只能坐在左右床铺的外侧。以火塘为中心体现的长幼尊卑,反映了普米族传统文化中尊长敬老的习俗。

◀ 普米民居木楞房

火塘中心为三脚架,长年置一铝壶烧水,做饭时换上铁锅。普米人相信三脚架上附有祖先的灵魂,任何人不能敲打或有其他不敬的行为。每逢婚丧嫁娶或其他重大节日,如春节、清明节、七月半等,均在此举行"祭三脚"仪式。把各种吃食一样夹一点,放在铁三脚架的三只脚上,同时念诵着祭词。在没有祭三脚前,任何人包括老人、大人和小孩都不能吃供在三脚上的食品,只有经过祭祀以后才能吃。

> **知识链接 长年不灭的塘火** 火塘中的火长年不灭,一方面驱寒取暖;另一方面也可照明。普米族人对火有着无限的崇拜敬畏,体现出普米人对光明的向往和追求。

对于普米族人的木楞房,我们要考虑到,"住宅不仅仅是物理意义上的空间,同时还包括社会空间。在房屋结构的背后蕴藏着更为深刻的社会空间原则,人们就是通过这些原则来组织日常生活和界定人际关系的"。在普米族的木楞房中,我们看到住宅的空间布局不仅是他们界定人际关系的原则,也是他们界定人神(祖先)关系的一种方式。

新式普米民居
▼

现代居室中的普米族火塘

在木楞房中,火塘是最为重要的场所和中心。随着普米族地区经济条件的逐渐改善,木楞房的建筑也在慢慢消失,有的人家住上了砖瓦房,有的普米人搬进了城市里的单元房甚至别墅,但只要条件许可,普米人总要在家中辟出一室,搭建火塘。

现代居室中所用建筑材料已改为木材和水泥,使用的燃料也由木柴改为了栗炭或煤炭。但火塘的基本布局并没有改变,有关的习俗和禁忌也被继承了下来,这是一种精神的传承。建筑本身是一种物质文化和精神文化、制度文化的融合,精神文化需以物质文化为载体,以制度文化为表现形式。在文化变迁的过程中,由于技术手段的迅速更新和自然条件的极大变化,物质文化常常快于精神文化和制度文化的变迁。在这种情况下,非物质形态的精神文化和制度文化将怎样适应新的物质环境,使之得以传承,这是值得我们思考的问题,或许可以从木楞房中火塘的变迁中得到一些启示。

云南省兰坪白族普米族自治县河西乡箐口村委会作为云南省文化厅批准建立的"普米族传统文化保护区",各种形式的传统文化保存相对完整,但即便如此,其消失过程也在不可避免地加速。

仅就传统建筑而言,在箐口村委会的各个自然村,我们几乎不能找到一座保存完整的"木楞房",现有的房屋要么已经破落不堪,要么已经改建为砖瓦房。在人类学的视野中,"一定民族

普米族传统的木楞房

普米新民居

的文化与环境——包括技术资源和劳动——之间，存在着一种动态的、富有创造力的关系；一定民族的劳动类型，很大程度依赖于可用的技术与正在开发利用的资源的性质。这些劳动类型，随之也会对其社会制度，包括居住法则、血统、村社规模和位置等产生强烈的影响"。我们看到，特定的生态环境直接决定着普米族的生活空间和社会文化空间，近几十年以来人口的增加、生态环境的变化也必然影响到其传统文化的变迁，以及使用木材的成本在上升等等。

木楞房的逐渐消失或许会对村寨景观和普米族传统建筑文化带来一定的损害，但对于村民享受现代文明成果、提高生活质量具有一定的积极意义，同时由于对木料的消耗有所降低，也在一定程度上有利于森林资源的保护。这是普米人的自发选择，也是社会发展的必然趋势。

第三章
民间艺术：
娱己、娱人
与娱神

　　普米族民间艺术中最具代表性的是"搓蹉"（舞蹈），套路繁多，在一定程度上体现出普米人生计活动和生存环境的特点，而其执手联袂的舞蹈方式，也使人们感受到个体的力量和集体的意志。"哩哩"（唱调子）多出现在普米人的婚礼和葬礼中，调式多样，其声情并茂的吟唱使人们在仪式中丰沛的感情得到充分的表达。四弦琴是普米族的传统乐器，琴声铿锵，节奏明快，对于"搓蹉"和"哩哩"都有很好的统领和协调作用。民间艺人在传统四弦琴的琴头上雕饰了"羊头"造型，与普米族的传统族文化更为契合，已成为普米文化的重要象征。

英国人类学家马林诺夫斯基曾说道：

失去了对生命的兴趣、快乐，以及被剥夺了所有维系人们在一个社会里生存的愉悦，会导致人们放弃生活的愿望，从而容易成为疾病的俘虏，并带来人口的萎缩……把邪恶传给一个种族和文化不同的人十分容易，但把娱乐和竞技方式移植到另一个民族里却非常困难。即使欧洲的国家，民族特色最后的堡垒也是它的娱乐方式；而没有闲暇和娱乐活动，文化和种族都不能生存。

另一位美国人类学家弗朗兹·博厄斯也指出：

世界上任何民族，不论其生活多么艰难，都不会把全部时间和精力用于食宿上，生活条件较为丰实的民族，也不会把时间完全用于生产或终日无所事事。即使最贫穷的部落也会生产出自己的工艺品，从中得到美的享受，自然资源丰富的部落则能有充裕的精力用以创造优美的作品。……迄今为人所知的一切部落，都有各自的歌曲、舞蹈、绘画和雕塑。这一切事实本身不仅证明这些民族渴望创造那些以自己的形式使人得到满足的东西，而且证明人类都具有享受美的能力。

由此可见，休闲和娱乐在人类不同群体生活中都具有独特的意义，是日常生活中不可分割的重要组成部分，而艺术则是人们获得审美体验，进行情感交流、休闲娱乐的主要方式。对于众多少数民族而言，歌、舞、乐与日常生活、生产劳动、社会交往等有着非常密切的联系。

欢快的普米姑娘们

对于普米族这个历经漫长而艰难的迁徙才得以最终定居滇西北的民族来说，其充满悲壮色彩的民族历史、其豪迈奔放的民族性格、其多才多艺的游牧民族血脉，必然会创造出多姿多彩的文艺形式。

普米族在不同的生活场景中大都有相对应的歌舞乐艺术形式，如做客时唱《做客歌》，饮酒时唱《酿酒歌》，喝茶时唱《茶歌》，出山打猎时唱《撵山调》，在盛宴酒席时唱《礼貌待客歌》，收获季节要唱《丰收歌》，而在婚姻过程中则有《认门调》《接亲调》《关门开门歌》《迎亲歌》《祝福歌》等。而普米族舞蹈"搓蹉"也较多展现民族迁徙史、游牧生活、狩猎场景以及日常生活等，具有强烈的历史性、民族性、仪式性特征，同时也具有较高的审美价值。在这样一些歌舞乐表演的场合中，人们获得了一种审美体验，得到了精神上的愉悦，实现了群体内的情感互动，同时也与祖先、神灵等形成了一种联结。

执手联袂跳"搓蹉"

普米语中的"搓蹉"，直译为"舞跳"之意，也即"跳舞"，属自娱性、交际性的舞蹈。舞时，领舞者按一定节奏击羊皮，发出"嘭、嘭、嘭"之声，形成节奏，使众多舞者亦步亦趋，动作协调一致，因而也叫"羊皮舞"。此外还有"四弦舞"或"普米锅庄"之称。

"搓蹉"起源传说

关于搓蹉的起源，普米族的民间流传着不同的说法。

一种说法主要流传在兰坪普米族地区。

据传，在远古的时候，普米族先民在迁徙的途中，受到了强敌的追杀。傍晚逃到一个大山垭口后，为了壮胆和迷惑对方，他们就围着篝火随心舞蹈。追兵远远看见，火光中的人影源源不断地从垭口经过，误认为他们人多势众，这才气馁撤兵。后来，他们从中受到启发，从而创造了自己的舞蹈。

显然，这一说法难免有牵强之处，但也在一定程度上反映了

▲ 杨文锦和他的徒弟们跳搓蹉

普米族漫长、曲折、艰难的民族迁徙史,也是一种民族民间记忆的体现。

另一种说法与第一种大体类似。

据传在很久以前,民族间的战争很强烈,在族人快要被其他民族剿灭时,聪明的族人头领就带领族人到山脚下,他告诉族人说:我们的先人是从雪水汇集地方出来的,他们很伟大,今天我们既然不能把族人留给我们的薪火传下去,那就要死得其所,不能煞了曾经的傲骨雄气。听完头领的话,族人们就自觉地找柴烧火,熊熊篝火燃起,族人们就手拉手围成圈开始跳起来,这时,早已埋伏在山头上想要灭掉普米人的那些人,看到山脚下即将要被他们消灭的民族死到临头还那么高兴,而且人越来越多,他们就自己落荒而逃。

这一传说同样反映了普米族人迁徙过程中的征战生活,也显示出普米族先祖乐观向上、顽强勇敢的品质。

第三种说法主要流传在宁蒗普米族地区。

据说远古时期,人类大地没有火种,先民们吃生食、睡冷地，经常得疾病死亡。一位英勇顽强、艺高胆大的普米族青年看到人间灾难重重，决心向天神为人间求得火种。他历经艰难到了天宫，几经祈求，仍遭到天神的拒绝，无奈之下只好趁天宫兵将不备，将火种偷出。天神知道后大发雷霆，派兵马追杀小伙子。小伙子身负重伤，他将火种一口吞下，自己变身火球，滚落大地上，成功地把火种带到了人间，但也为此付出了生命代价。人们得到火种后，为了纪念这位英雄，先民们把火把汇集一处，手拉手围着火堆跳舞，唱起歌。如今参加"搓蹉"时，仍有把火把丢入火堆的习惯。

这一故事融汇了希腊神话中普罗米修斯盗火的传说、中国民间故事中"地天通"的要素，以及传统民间故事中"人—神"关系的二元类分法，表现了古代人民对自然力和强权的斗争意识，以及对美好生活的不懈追求。这一所谓民间故事有着明显的创作痕迹，但至少体现出"火"对普米人所具有的温暖、光明的意义。

搓蹉舞基本动作与特征

从搓蹉舞的基本动作来看，大多是日常生活中爬树攀崖、播种收割等的模拟动作，也有对动物的形体和动作的模仿，似乎与远古人类的采集、狩猎、农耕等生计活动有着密切的关系，这大致符合部分学者所主张的"舞蹈起源于劳动"之说，此外，舞者大多保持屈膝、开胯和俯身，这与山地民族长年累月的身负重物、登山下坎也有一定的关系，这样的伸屈和弯腰自然形成一种习惯的身体动作。如此说来，搓蹉舞的形成也与特定的地理条件

民族文化的舞台表演——搓蹉

有一定关系。

　　据传搓蹉舞原有舞蹈动作十二套，但经过长期的流传，各地舞步都有所发展和变异，不同的舞步日趋增多，不过表现手法大同小异，旋律、节奏基本固定。

　　其主要特征是，跺踏的力向为纵的关系，即力点在重心前脚掌，跨步的力向为横的关系，即力点在胯部，退步时前俯，上身和下身力向相反，上前是自然后仰，上下身力向亦相反，即力点在小腹部位。舞步速度一般为中速，速度慢时，舞步轻盈、飘洒，仿佛微风有节奏地牵动着衣裙，速度快时舞步粗犷有力，热情高涨，激情满怀。

普米搓蹉舞
▼

队形主要有单圆圈、双圆圈及半圆圈，舞者手牵手，一般习惯沿逆时针方向旋转，也可顺时针。若围成双圆圈时，同方向和不同方向均可。舞时不受时间、地点和人数的限制，参加跳舞的人可随时加入或退出，可先后起步，也可部分人舞，另一部分人边走边唱。搓蹉的节拍有1/4、2/4、3/4、4/4、4/5五种，穿插使用。弱拍时加入击羊皮声、筷子声、木碗声及板夹声，时而流畅的旋律出现强弱颠倒的现象，造成一种特殊的节奏效果。

队形变化有对跳、开门、钻孔、翻身、二龙吐水、满天星等。舞步有跺踏、跨步、退步、上前等，膝部自然弯曲而又有弹性，而手部的动作较少，一般只有搭肩、扣手等，上身动作有前

兰坪县河西乡三界村委会普米族文艺队

俯、收腹、挺胸、侧身等。

舞蹈以一种基本舞步或一套动作组合为基础，逐渐增加和反复变化来贯穿主题。跳搓蹉舞时，舞者面对篝火，手拉着手围成圆圈旋转。圈内有两个领舞者，一个弹奏四弦琴，引领歌唱的旋律，一个敲击筷子、木碗或者羊皮包，调整舞步节奏，两人边伴奏、边对跳。变换舞步时，先变换四弦琴曲调，众舞者可先后调整动作，陆续融入。

但凡节日、婚嫁、建房，或者有宾客来访，村民们都会聚集起来，在院坝里燃起篝火，围跳搓蹉。几乎没有人能拒绝搓蹉的

知识链接 搓蹉中最有意思的当属"撞胯舞"，在敲击羊皮的节奏中，第一、二拍，舞者右脚向右迈出，顺势小跳一下，左脚随之稍前踢，同时双臂自然前、后甩一次；第三拍时左脚落地，同时双腿屈膝，右脚靠向左脚，顺势向左摆胯，撞向左边的舞者，双臂自然前甩；第四拍又做与第三拍相对称的动作。在具体场景中，舞者可根据同伴的情绪或两人之间的关系，在第二和第四拍时，相邻舞者做对称动作，依次与左、右舞者相撞胯部。第五拍时亦可在胯部相撞的同时，外侧脚向后踢起，与舞者脚掌相撞。在这样略显滑稽的"撞胯"中，两个舞者的关系愈显亲密，即使陌生人之间，在撞过几次之后，也就熟络了。有的人为了增加撞胯舞的乐趣，偷偷在后裤兜里装入一个搪瓷缸的盖子，让凸起的盖头朝外，使被撞者痛感倍增，引发更热烈的笑声。如果找不到盖子，有人索性装一个核桃，这样的话相撞的两人都同时大痛，但对于没有防备者来说更是"遭罪"，但大家都乐此不疲，撞胯舞几乎是每次搓蹉中必不可少的一项内容。

热烈氛围，在场者大都会不自觉地加入舞蹈的圆圈中，跳累了也可随时退出。大家既是观众，也是表演者。对于一些外来者来说，初临此景，难免跃跃欲试，但加入圈子后却对舞步和动作不得要领，略显笨拙，村民们爆出阵阵善意的笑声，随后就会手挽手地主动引领初学者，让其慢慢跟上他们的节奏，跳将起来。

搓蹉舞者执手联袂、亦步亦趋，跳将起来，和乐融融，人们在舞蹈中可以感受个体的力量，体悟集体的意志。2008年6月，"搓蹉"被列入第二批国家级非物质文化遗产名录，成为普米族传统文化的杰出代表。

怀古述今唱"哩哩"

根据普米族音乐研究者的收集、整理、分类，普米民歌大致可分为古歌、礼仪歌、劳动歌、情歌、儿歌、新民歌、叙事长诗等。其中古歌多为创世神话和民族起源的传说，如《创世纪》

纺羊毛布

《开天辟地》《起源歌》等；礼仪歌则为婚丧嫁娶、年节庆典等习俗礼仪中所吟唱的歌谣，包括《找门调》《说亲调》《接亲调》《锁门调》《开门调》《祝婚调》等；劳动歌是在生产劳动的场景中吟唱的歌调，包括《狩猎调》《放羊调》《打麦歌》《纺麻歌》《赶马调》《推磨歌》等；情歌是男女青年恋爱过程中表情达意的歌调，多为对唱，如《哥是茶叶妹是盐》《隔河相望》《杜鹃花儿满林开》等；儿歌多与孩童们劳动、嬉戏的场景有关，如《放羊调》《放猪调》等；新民歌指那些在特定社会环境下创作的、富有民族特色的歌曲；叙事长诗则展现了普米族的民间记忆，是历史文化的一种高度概括，包括《帕米查列》《冗坑》《罐罐山的来历》《熊巴佳佳和他的伙伴》等。

也有学者将普米族民间音乐特别分出了"哩"（迪）、"嗰"（哩哩）、"给嘿"（阿辽辽）、"罗白哩"等四种类型。其中"哩"又分为"喷米哩"（古歌）、"喔席哩"（年节歌）、"比停来子哩"（礼仪习俗歌）、"查子哩"（叙事歌）等类别；"嗰"包括"哩哩"（小调）、"席嗰"（新民歌）、"甲蹉嗰"（跳舞歌）等；"给嘿"（放声歌唱）包括"呀哈比哩"（山歌）、"阿辽辽"（即兴歌、情歌）等。尽管这些从不同角度对普米族民歌作的分类各有侧重，但都基本涵盖了不同场景、不同主体、不同情感表述的歌谣，也在一定程度上表明歌谣在普米族传统文化中的重要性。

"哩哩"为普米语，与汉语中的"歌"意思大致相近，在作

▶ 参加北京第四届传统音乐节

动词时指"歌唱",在作名词时则可以指一首歌或一种歌。哩哩反映了古老的社会形态、传统的礼俗美德,反映普米人游牧、耕种、狩猎、纺织等生产场景,同时也在婚礼、葬礼以及吾昔节、端阳节等一些年节习俗中吟唱,是最具普米族风格的一种歌谣形式。据笔者在兰坪县箐口村委会的调查,当地人对普米民歌的界定基本上指的是哩哩,而其中最有代表性的当属婚丧二事中的哩哩。

> **知识链接** 按普米族学者殷海涛的解释,前一个"哩"是指调子,而后一个"哩"是指吟唱,全译便是"调子吟唱",即"吟唱调子"。

对任何民族来说,婚礼和葬礼都是最为重要的人生礼仪,是人们感情最为丰沛,且又最需要得到充分表达的时候,声情并茂的吟唱显然是一种最好的方式。人们可能没法用言语去表达的情感,却可以通过吟唱得到最好的宣泄和传递。在普米族传统的红白二事中,哩哩同样是必不可少的。据玉狮场村的和国鹏老人介绍,在兰坪普米族地区,红事共有十二个调,白事则有八个调,分别在仪式的不同阶段吟唱。婚事和丧事中的哩哩有严格的区分,各有调式,不能混淆。哩哩一般由老年人或专门的艺人吟唱。当有人家需要举行婚礼或葬礼时,通常都会专门请好两位艺人,在不同的环节中吟唱哩哩。

红事上的"哩哩"

红事的十二调贯穿在婚礼的全过程之中。

相亲调(甲之哩) 男方迎亲队伍到女方家门口时唱的调子。此时男方在门外,女方在门内,双方对唱,一问一答。由男方先开始唱,大概要唱半个小时。

认亲调(勒哩) 在青棚里唱,首先是女方问:今天是什么日子,一根香代表一个时辰,时间已经过掉了,我们是普米族最大的一个村子,你们是什么人来到我们这个村子。男方一一应答。

拦门调(共即哩) 男方主人进入青棚,由女方先发问:你们来的时间晚了,是遇到什么为难的事了吗?男方则回答出门时

唱"拦门调"

遇到什么。如此问答，会从天上一直问到地上。

正柱调（萨满瓦哩）　男方正式进入女方家，来到火塘边，进行祭祀四方柱仪式时唱的调子，由男方赞美女方家的五谷如何丰登、六畜如何兴旺，女方再作应答。

团聚调（书哩）　双方坐上火塘时唱的调，意味着在喜事场合各种家人都聚集起来。

厨房调（卦之东哩）　来到厨房时唱的调子。男方到女方厨房，要求女方的厨师不要为难男方，告诉他们今天做了什么菜，最后一道菜豆腐肉丸子如果不上，全场无法动筷。

上菜调（鸣富哩） 来到酒房时唱的调子。男方要求今天给送上最好的黄酒，让女方的老人多喝一点，酒要按时上，好让我们按时上路。

黄酒调（啤哩） 开始摆酒席的时候，将鸡蛋加到黄酒里时唱的调子。第一碗祭天，第二碗祭地，第三碗给爷爷或者奶奶，接下来给父母。

果品调（挂子哩） 酒席快吃完时，开始摆出诸如核桃、苹果之类的果品，男方唱手唱到哪一种果品，就把那种果品抓一点到女方送亲大人碗里，然后其他人才可以动。第一种果品一定要给送亲大人。

相送调（踩尼巴沙歇入哩） 果品调唱完的时候，新娘也梳妆好了，开始准备送新娘出门。调子的内容主要是嘱咐男方：我家的女儿做活还学不够，洗洗整整还学不够，手工还学不够，要请婆婆好好教，待客待人不懂的地方要请公公好好教。

夸宴调（芒事哩） 到男方家中后，女方夸奖男方家酒席置办得很好。

祝福调（平诸哩） 送亲结束，送亲人准备回到女方家时，与男方家亲戚、村民对唱，互相表示感谢。

婚礼中的青棚宴

需要说明的是，以上调子名称并没有明确的汉语翻译，为了便于理解，笔者根据吟唱的不同场合与情境加了标注。

在婚礼的不同阶段所吟唱的调子，在曲调上大同小异，只是在唱词上进行必要的调整。吟唱时一般为男方与女方的歌师相问答对唱，其他人可在一旁帮腔（和声），营造了一派和睦友好、喜气洋洋的景象。

白事中的"哩哩"

和国鹏老人介绍，在白事中的不同阶段，也有八个调子。但具体的调子名称没有确切的表述，也没有明确的区分，一些研究者将其笼统地称为"丧调"。

普米族诗比 杨国栋

首先是老人刚刚去世时，远亲近邻聚集到主人家中，一起哀悼亡者，宽慰家人。大致意思是说，这个老人有他的运气，亲戚拦不住他，儿女拦不住他，走掉了，可怜了。随后的调子包含了"指路经"中的一些内容，如在家人准备好羊子后，"诗比"开始对羊子吟唱；在羊肩膀上的肉完全刮掉，看肩骨上的纹路，也有一段吟唱来交代；村子的亲戚都来祭完死去的人以后，诗比开始指路，死者启程的时候也就到了，诗比也要吟唱；在给羊子过程中的吟唱也算其中一调，基本就是指路经中的内容，诗比会告诉死者，家人给的东西要收拾带好，不要害怕，碰到什么事情该如何处理，等等。此外，还要唱给死者儿女，大致内容是：你们的父亲（或者母亲）生前为了抚养你们长大，受了很多苦，不分春夏秋冬，一把屎一把尿地把你们拉扯长大，现在正是你们应该悲痛的时候了，怎么悲痛都不算过分。随后吟唱的内容是继续给亡者指路，此时亡者该走的路程也已经走了一半，诗比会告诉亡者在一个下面有一股水的地方休息一下，喝一口水，然后再接着上路。最后，亡者到阎王殿之后，又要转回家来一遍。这时出丧到院坝里，摆酒席，再次嘱咐亡人，这次你真的要走了，到木桩以后不能再转回来，

> **知识链接** 在2010年的中元节期间，玉狮场村某户人家为新亡者举行祭奠仪式。在祭仪过程中，主人家一位远道而来的长辈与村里一位老人坐在火塘上吟唱哩哩，互述情怀。两位老人手拉着手，一唱一和，追忆亡者生前如何不易，对家族和村民做出了多少贡献，到动情处，两位长者老泪纵横。这种吟唱是两人之间一种倾诉，并不是为他人表演，也不顾及是否有旁观者。当时也仅笔者陪两位老人独坐火塘旁，也不禁为之泪下。

你以后在阴间要保佑儿女、村子，指引亡人从院坝里走出去。

总体而言，普米族的哩哩曲调低沉哀婉，即使是婚礼中的曲调也略显压抑。玉狮场村的一位老人解释说，哩哩的这种曲调与普米人充满苦难和曲折的民族迁徙史有着必然的联系，留下了民族记忆的烙印。因而箐花人通常也会将哩哩称为"苦歌"。

需要指出的是，普米族古歌的唱词多为古语，一个母语为普米语，且在普米语环境中成长起来的年轻人，也未必能够听懂老人们的吟唱。玉狮场村一些跟和国鹏老人学习哩哩的年轻人，也只能将老人的每一句唱词用汉字记音，或者直接用录音机录下来，再由老人讲解其中大意，回去后靠死记硬背、反复吟唱来学习。因而，作为不熟悉普米语的外来者就更难以破解唱词中的"密码"了。但毕竟艺术是相通的，哩哩的唱腔、曲调、旋律等仍能够引起旁听者深深的共鸣。

除此以外，在箐花普米族村寨里还有其他一些形式的哩哩，如"马鹿调"，普米族先祖在猎杀马鹿的过程中，比如放血、开胸、抽肠、剁脚，每一步都有相应的祭祀，需要吟唱哩哩；又如"古树调"，大概内容是描述大树从地上长出来，盘根错节，枝繁叶茂，大树结了果实，供给不同的人食用。古树调非常复杂，全部唱的话要唱三天三夜。此类哩哩反映了普米族先民狩猎、采集生活时期，人们对自然万物的朴素认知和"万物有灵"的宗教观念。

发明传统"羊头琴"

"四弦"是云南少数民族民间常见的一种弹拨乐器，因使用四根琴弦而得名。兰坪普米族的四弦琴大小尺寸基本上是固定的，长度在130厘米左右，但也可在制作时根据演奏者的需要调整长度和大小。制作材料为核桃木或桦木，琴箱为圆形和六角形两种，蒙上加工后的羊皮或羊肚作共鸣箱，琴弦用阴干的羊小肠绷紧拉细制成，现在已改用金属线做琴弦。

　　四弦主要用来弹奏普米族搓蹉舞蹈十二调，也有一些自娱的独奏曲，如模仿鸟儿母子呼唤的"过江调"等。四弦曲为十二种节奏型，每一种节奏可配以不同调式、调性的变异旋律，配合羊皮（包）、筷子、木碗的敲击声，为搓蹉中十二种舞步配乐。此外还有部分古老的曲目，如《四弦母调》《雀上树》等。四弦的弹奏不受男女或老幼的限制，只要有兴趣的人都可以学习、演奏。

　　兰坪普米族的羊头四弦颇有特色，琴码部分为羊头造型。普米族传统四弦琴在琴码部分为平直方正的造型，少有装饰，玉狮场村四弦琴艺人和仕堂就保留着一把这样的四弦琴，据说已有近百年的历史。后来有民间艺人尝试雕琢出马头、龙头、凤头的造型，但都没有流传开来。而羊头造型琴码的出现和流传开来，据传与普米族民间艺人杨文锦及族内文化人有着密切的关系。

　　杨文锦，1964年出生于河西乡联合村委会上安乐村，他有着普米族男子典型的体质特征，身材颀长，五官轮廓清晰明朗，唯一的差异是面上多了点腼腆，但也不失普米族人的慷慨豪迈。上安乐村是一个陡峭山坡上的普米族村寨，在2009年前都不通车

普米族四弦舞乐 ▶

路，从村委会所在地到村子，需要在崎岖的山路上跋涉两个多小时。可能也正因为地理环境限制，上安乐村的普米族传统文化才得以较好地保存下来，使杨文锦得到传统文化的深刻熏陶。杨文锦在十三四岁时离家上初中前就把

◀ 杨文锦和他的羊头琴

四弦琴弹得像模像样了，而跳"搓搓"几乎就不用学，村里的各种典礼节庆，都免不了要跳上几天。

初中毕业后，杨文锦没有机会再继续上学，回到家中种地、养牲口，当然更重要的是，他开始更深入和频繁地接触普米族传统艺术，并对此产生了极大的兴趣。聪颖好学的杨文锦分别从堂伯那里学了木工，包括制作四弦琴的技术；从父亲那里学了中草药知识，包括采集、种植和使用中的技术；从堂叔那里学了传统的占卜算卦，尤其是在普米族民间颇为重要的"择日子"，以及日常生活中经常做的"鸡骨卦"。

在2008年我们第一次见到杨文锦时，他已经是在兰坪县普米族地区小有名气的琴师、琴匠、木匠、药师、卦师了，在他这一代人中实属罕见，称其为普米族传统文化精英当不为过。当时他

◀ 普米族四弦舞乐

第三章　民间艺术：娱己、娱人与娱神　059

还担任了联合村委会的党支部书记,能够以村干部的身份到县、州、省参加各种学习和考察,也进一步开阔了眼界、丰富了阅历。杨文锦在参加县、州组织的一些文艺会演中看到其他一些少数民族也有四弦,普米四弦在造型上与别的民族的四弦相差不大。于是杨文锦就琢磨着在四弦琴的造型上做一些改变,以显出自己的特色。在普米人生活中具有重要意义的羊成为杨文锦"创作"的灵感来源,1999年前后,他第一次,也是第一个在四弦琴琴头上雕琢了一个羊头,普米"羊头琴"在杨文锦手中诞生了。杨文锦的这一并非刻意为之的做法,却在不经意间为普米族传统文化做出了重要的贡献,极具象征意义。但羊头四弦之所以能够广为流传并成为普米文化的重要象征,还需要另外的契机。

◀ 杨文锦和他的羊头琴

2003年起,陈哲在兰坪县普米族地区开展"土风计划——村寨文化传承项目",尝试对传统文化进行"活化传承"。在采风过程中,陈哲被四弦琴优美的琴声和旋律打动,遂有意向外界推广这一"藏在深山人不识"的民族音乐瑰宝。但在颇具市场眼光的陈哲看来,普米四弦琴在造型上过于平淡,缺乏应有的民族特色,难以在一见之下即给人留下深刻的印象,他觉得应该在四弦琴的造型上进行一些必要的雕琢与装饰。而羊在普米人历史迁徙、生产生

普米族乐器——
羊头四弦 ▶

活、民间文学、宗教仪式中占有的重要地位引起了陈哲的注意，杨文锦的羊头琴让陈哲眼前一亮。于是建议在四弦上装饰羊头木雕，以彰显民族特色。这一建议立即得到了当地普米人的认可，但他们对杨文锦最初创作的羊头造型并不是很满意。于是在其羊头原型的基础上，由陈哲出面从北京聘请专业的工艺美术师进行设计，最后综合大家的意见进一步修改，羊头木雕最终定型。杨文锦凭借自己精湛的木工技艺和对四弦艺术的精准把握，不断修改完善，最终将图纸上的羊头形象在四弦琴上栩栩如生地呈现出来了。

在"土风计划"随后组织的一系列演出中，羊头四弦琴以精致的造型，伴以美妙的声音和动听的旋律，一亮相，就吸引了观众的目光，引起广泛的关注。对于普米族这样一个"人口较少民族"来说，社会大众的认知度还相对较低，对其传统文化更是缺乏应有的了解。在展演的过程中，羊头四弦所承载的普米文化逐渐传播开来，成为普米族"羊文化"的典型代表，进而被贴上了普米族"传统文化"的标签，即使是在兰坪普米族地区，羊头四弦与普米文化的关系也得到了当地人的认可。杨文锦对羊头琴的创造，在一定程度上强化了普米族"羊文化"的象征性意义，为自己的民族开创了一种新的传统。

2003年之后，杨文锦的名声逐渐打响，四弦琴的销路渐渐打开，深受当地各族群众的欢迎。2007年7月份杨文锦投资十余万元，在兰坪县城成立了自己的羊头琴作坊，带了6个徒弟，其中5人是普

◀ 弹羊头琴的普米族姑娘

装口弦的竹管

米族,都是联合村的年轻人,他们已基本上掌握了羊头琴的制作技术。杨文锦的作坊每年可制作羊头琴120多把,销售金额计8.16万多元;各种小工艺琴300多把,销售金额2.7万多元;制作口弦600多支,销售金额3.6万多元;其他工艺品收入2.5万多元。羊头琴制作坊生产的普米族乐器,除了当地群众购买外,大部分羊头琴销往昆明、北京、上海等地,被中央工艺美术博物馆、北京美术学院、北京舞蹈学院、云南大学、贵阳大学等博物馆收藏,怒江州、兰坪县的各类艺术团体和表演单位也都十分喜爱使用他制作的羊头琴。杨文锦希望更多的普米族同胞拥有一把自己的四弦琴,将这一艺术形式不断传承下去。

值得一提的是,除了创制羊头琴之外,杨文锦还是制作普米族另一传统乐器"口弦"的好手。

口弦由一片长约一拃、宽约一指的竹片制成,竹片一端削成细三角形,便于手指弹拨。尖端后约一半的长度削进一定的凹陷,在此部分纵向中间剔出一条成"T"字形的活动薄片,在弹拨时可以振动。后半部为手持部分。口弦一般由三片构成一组,不用时可保存在特制的竹管里。在弹奏时,将口弦放在口边,一手握持尾端,一手弹拨尖端,薄片的振动与口腔形成共振,随着弹拨的力度、节奏以及口腔形状的调整、送气的急缓,形成不同的音响效果。口弦的制作和表演看似简单,实则难度极大,非经过长久的练习不能掌握。

在"搓蹉"中弹奏四弦琴扮演领舞者是普米族男子的角色,而吹奏口弦则是妇女的专利。杨文锦能用竹片

弹口弦姑娘

制作精美的口弦，吹奏得也很不错，但他从来不肯在外人面前表演，他说："口弦是女人吹的。"杨文锦的母亲和妻子都是吹奏口弦的好手，在家中也可谓是"琴弦和谐"。从杨文锦坚持不表演口弦的做法可以看出，普米族传统社会中男尊女卑、性别界线分明的特点。在羊头琴上勇于创新的杨文锦，同样会受到其深浸其中的传统文化的规约。

杨文锦母亲在吹奏口弦

2011年杨文锦荣获县级"四弦传承人"称号，2013年被列入州级"四弦舞乐"传承人，2014年成为云南省第五批省级非物质文化遗产项目代表性传承人，同时他还于2013年12月被评为"第五届云南省拔尖农村乡土人才"，在获得荣誉的同时，也得到了一定的经济扶持。现在，杨文锦仍会争取各种机会参加民间艺术的一些活动，希望能为普米族文化的传承与传播做出更大的贡献。

第四章
节日：生活的节律与调整

　　节日的举行使线性延续的日常生活形成了一种特有的节律性和周期性，为平淡的生活增添了更多的色彩。在普米族的传统文化中，吾昔节、清明节、端阳节、中元节等节日具有重要的意义，既体现出普米人对自然节律的认知和适应，也蕴含着普米人的宗教信仰观念和社会伦理意识。吾昔节是辞旧迎新，更是阖家团聚；清明节和中元节是悼念祖先，更是孝老爱亲；端阳节是踏青游春，更是年轻人的"情人节"。

民族节日是一个民族在长期历史发展中形成的,具有一定意义的,并在固定日期举行庆祝或祭祀仪式的日子。在节日中,各民族对自我的文化和社会进行反思并加以界定,由此获得对本民族历史和传统的一种认知和认同,社会生活也因此得以重新整合。对于生活在某一文化传统中的社会个体而言,节日的举行使线性延续的日常生活形成了一种特有的节律性和周期性,为平淡的生活增添了更多的色彩。在普米族的传统文化中,吾昔节、清明节、端阳节、中元节等节日具有重要的意义,既体现出普米人对自然节律的认知和适应,也蕴含着普米人的宗教信仰观念和社会伦理意识。

"吾昔"过大年

"吾昔"节是普米族的传统节日,"吾"意为年,"昔"意为新,"吾昔"即新年,是普米族辞旧迎新的重要节日。

普米族先民在长期的生产生活中积累了丰富的经验,对自然界形成了一定的认知,并摸索和掌握了初步的自然规律,用以指导自己的生产生活活动。在观察日月星辰的运行中,普米族得以测定方向,并确定年节。在众多星辰中,普米族先民尤其注意大而亮的"启明星"(普米语称"星热",即金星),甚而产生一种崇

杨文铎家
大门春联

拜的心理。而"六姊妹星"(猎户星座)因与太阳升落的方向一致,从东方升起,降落在西方,也被当作夜晚辨认方向的标识。

二十八星宿也是普米族先民辨识方位的参照物,面对二十八星宿升起的东方,以左手边为北方,是河流的上游;右手边为南方,也即河流的下游。此外,普米族也根据二十八星宿中的"处紫"(昴宿)与月亮相遇的日子来确定岁首,也即农历的十二月初六至初八之间,由这几天中的某一天起算,连续9天,为普米族的"吾昔"节(新年)。

> **知识链接** 普米族的一年"处紫"与月亮相遇的这一轮回周期被划分为12个月,也即一年。

普米族先民生活在青藏高原,根据寒暑转换而分为冬、夏两季,并据此安排农业生产活动。从定居农业时代起,普米族农牧业生产主要是"候草木以记岁时",通过观察动植物的习性,总结动植物与气候变化之间的关系来确定季节的轮转,调整生产生活的节律。据普米族老人讲,一般农历腊月初六、初七或初八的星日最吉祥,所以选这几天过年。

传统上,吾昔节时间一般在农历腊月初六至初八之间选一天开始,按传统要连过九天,类似于汉族春节的大年三十至正月十五。从2006年开始,根据兰坪白族普米族自治县的自治条例规定,吾昔节期间放假三天。在牛年腊月初六(2010年1月20日),由兰坪县人民政府主办、河西乡政府承办的吾昔节庆典在河西中心小学举行,各个村委会为来宾们表演了普米族、傈僳族、白族的民族民间传统艺术,包括歌曲、音乐、舞蹈等,箐口村委会的节目别具一格,是普米族传统祭祀展演。节日期间还举行了物资交流会,汇集了四乡八里的土特产以及来自大理、丽江、昆明等地的商品。但当我们在节日期间(腊月初七)进入玉狮场村,却发现村子里根本没有任何节日气氛。实际上,近百年来,随着与汉族及其他少数民族之间的交往日益频繁和深入,兰坪当地普米族已改在汉族春节期间过吾昔节。这也是民族文化变迁过程中屡见不鲜的现象,直到20世纪末期,随着国家对少数民族非物质文化遗产的重视,节庆文化才得以逐渐复苏。因此,本书主要以2008年春节期间在箐口村与杨文铎家、杨继宣家一起过

普米族村寨——兰坪白族普米族自治县河西乡箐口村

节的经历为主。当地人将这一节日称为过年、春节,同时也按传统称为吾昔节,在保留普米族传统节庆仪式的基础上,也融合了汉族春节的一些特点。

节前准备

进入每年的12月,气候逐渐寒冷,箐口村的最低气温已经降到0℃以下,此时已经不再适宜进行农业生产,村民们早已将玉米、小麦等晾晒入仓,晾麦架上挂满了麦秆和牧草,这是为牛羊过冬准备的。即使是这个时候,村民们也没有闲下来,他们还有很多事情要做。女人和孩子们的工作是扒松毛积肥。他们去自家的林地里,将地上厚厚的松毛耙起来,背回家中,一垛一垛堆积在房前屋后,这是用来铺垫畜圈的,在牛羊踩踏之后与粪便混合在一起,就成了很好的农家肥。男人们则要砍柴集薪了,一年用的柴火都要在这个时候准备好,山上的风倒木或枯树被截劈成柴运回家中,成堆地码放在院坝中。此外,趁着天晴少雨,男人们还要维修房屋,翻一遍木楞房顶的木板,将腐朽的木板换掉。女人们也要抓紧时间缝制一家人的衣物,给准备过年的肥猪催膘,酿制普米人过年必不可少的黄酒,核桃、瓜子等都是自家种的,在河西乡集市上卖掉了一些，但也得留一部分过年的时候用。

谷米入仓、猪肥牛壮、柴多薪足、火旺屋暖，普米人就能安心地准备过年了。过年前最重要的是杀年猪，生活再穷困的人家也必须至少杀一头，条件较好、人口较多的人家少则两头，多则四五头。养了近一年的年猪大多已经长到了300多斤，在过年期间肯定是吃不完的，大部分猪肉被切割成条状，用盐巴、花椒腌制后挂在火塘上方的房间里熏干，成为一年中肉食的主要来源。其中最有特色的当属猪肝做成酸肝，猪肝被视为猪身上最好的部分，相对也较为软和，留给老人吃。某户人家杀猪之后，除了给自己家中的老人留一份猪肝之外，还要给村中年纪最大的老人送一份，以示孝敬。

临近节前，村民们大多要去赶集，置办一些过年的必需品，如给孩子买几件新衣服，给老人称几斤白糖和点心，给男人打几斤白酒，招待客人的烟、茶、水果、蔬菜等也要准备，还有门神对子也是必不可少的。过年前几天基本上就不怎么出门了，在家洗晒衣被、洒扫庭除、修整火塘，做过节前最后的准备。

阖家团圆在普米族吾昔节中也具有重要的意义，外出上学或打工的年轻人在节前赶回来了。箐口村杨文铎的大孙子在外地某小学当老师、大孙女在文山师院上大学、二孙女在县城打工、小孙子在县城上高中，假期里都回来了，并给爷爷和父母买回了糖果、烟酒

杨文铎主持春节接亡灵仪式

杨继宣家
的年饭

等年货；杨继宣是县文化局的干部，其妻也在县城某单位上班，女儿在兰坪一中上高中，在过年前两天，他携妻带女回到箐口老家，与父母及哥哥、弟弟一家过年。箐口村开始热闹起来，每个人的心头都多了一份喜悦和放松。过去的一年再苦再累，毕竟都已经过去了，他们需要一个快乐的节日，憧憬属于自己的梦想。

除夕祭祖

除夕日早上，一家人换上了新衣，家主亲自上坟烧香磕头，迎接祖先回家一同过年，并从山上砍回一棵带有三级松枝的青松，三级松枝代表天、地、祖先，种在院坝中，象征四季常青、大吉大利。孩子们帮父母上山采集松毛，从家门口撒进来，一直撒到正屋，最后在火塘上铺上薄薄的一层，给家中增加一缕淡淡的松毛清香，表示恭迎祖先归家，让祖先踏青来，踏青去。之后三天内不扫地，家中不能发生口角，甚至父母也不能打骂孩子，以免惊扰祖先。

家主在神龛上的香炉及中柱、庭中松树等处开始上香（直到送祖之日）。下午4点左右，吹响牛角号，鸣枪三响（现已改为鸣放鞭炮），家主进行隆重的祭三脚仪式。火塘中心为三脚架，长年置一铝壶烧水，做饭时换上铁锅。普米人相信三脚架上附有祖先的灵魂，任何人不能敲打或有其他不敬的行为。春节期间连续三天均在此举行"祭三脚"仪式，祭祀天、地、祖先。家主把各种吃食一样夹一点，放在铁三脚的三只脚上，然后家主左手端一碗酒，右手拿一撮松针蘸上酒水，点洒在三脚上，一边念诵着祭词，大意是：

一年是一年，一月是一月，新年已经来了，求祖先赐福，风调雨顺、五谷丰登、六畜兴旺、老幼安康。放出去一碗，收回来千碗，放弃一次福气，进来一千次福气，出去一粒，进来一碗。

然后一家老小在火塘下方随家主顶礼膜拜。在火塘右上方的"家堂"（即祖先牌位）前，供奉上了香火、酒茶、肉食、果品等，供祖先灵魂享用。在没有祭三脚前，任何人包括老人、大人和小孩都不能吃在三脚上的食品，只有经过祭祀以后才能享用。

菜肴尤其丰盛，其中红肉（染红，菱形）、粉蒸、排骨、瘦肉、米肠、面肠、酥肉、豆腐这"八大碗"是必不可少的，再加上各种蔬菜等，整整12碗，寓意一年12个月都圆圆满满。菜上齐之后，还不能动筷子，家主会拿一个大腕，倒上清水，点上酒、茶，再把桌上的每一碗菜都夹一点在碗中，送到门外路边偏僻处，称为"送水饭"，是给那些没有后人的孤魂亡灵准备的，让他们不会挨饿受冻，也过上一个好年，不要给村人带来病痛和灾难。然后，一家老小围桌而坐，团团圆圆，共享盛宴。

晚餐过后，撤下酒席，晚辈向长辈拜年。老人们在火塘边烤火、饮酒、聊天、唱古歌，年轻人聚在一起，在院坝中燃起篝火跳锅庄，有人弹起四弦，有人拍起羊皮鼓，其他人随着节奏唱起调子，热闹非凡。近年来几乎家家都买了电视机，也有人喜欢围着电视机看春节晚会。

待夜深之后，人们逐渐散去，老人和孩子上床休息了。年轻人仍然围坐在火塘边上守岁，直至鸡叫天明。

大年初一凌晨，鸡叫头遍后，各户家主即开始祭三脚。过去，普米族有取头水的传统，即在大年初一鸡叫时分，姑娘和小媳妇们背着木水桶，举着火把，赶往山泉或水井，争着抢第一桶水，此俗称为抢头水，得到第一桶水的人家将有好福气，现在箐口村基本上都修建了自来水，抢头水的习俗慢慢消失。箐口保留了在"三香庙"烧"头香"的习俗，杨文铎先祖杨泗清曾因军功而官至二品，在村中享有威望，通常都是他们家烧头香，之后村民才陆续前往三香庙烧香。祭祀时，要将山神供桌清扫干净，点

一个普米族家庭的全家福

燃清香,敬奉酒水和祭品,家主念诵祭词,全家跪拜,祈求山神保佑。然后在山神庙外用石块架起罗锅,杀鸡做饭,送了给山神的水饭后,全家人席地而坐,共享"圣餐"。

大年初一清早,家人一般都不出门,在家等候新年第一天的"头客"到来。头客是当天第一个进门的人,人们希望"头客"是个善良健康、聪明勇敢、家庭兴旺、多子多福的人。"头客"离开时,主人要送钱或其他礼物,相信他给一家来年带来的是吉祥幸福。

大年初一还要祭龙潭,祭祀通常由诗比主持。

大年初二一早仍要祭三脚,然后乡邻们互相串门拜年,尤其是在外工作和上学的年轻人,更要在这个时候给村中亲族拜年问候,奉上礼品。传统上,年轻人还要举行各种文娱活动,如对歌、跳锅庄、赛马、摔跤等,但我们在箐花期间并没有观察到,只有晚上的锅庄仍然热闹。

初三拂晓,举行春节期间最隆重的一次,也是最后一次祭三脚。人们认为初三日以后,祖先神灵要回家了,所以通过举行隆重的祭三脚仪式送别祖宗神灵。并且院中竖立的松树也撤下,拿到朝东山坡上焚烧。

初三之后，交际活动频繁起来，外嫁的女儿领新郎回娘家拜年，远方的晚辈来长辈家"送年饭"，外出求学或做事者将要动身，朋友之间互相探望。对这些客人，各家各户都争先招待他们，祝他们新年平安，万事如意。客人们在村里，被各家各户轮流请客。

年过完了，生活又重新回复常态，春天即将到来，村民们又要开始新一年的劳作了。在外面上班上学的人也纷纷离开村子，出发前家里为他们预备了果品、茶、酒等，离开村子前再到村口的土地庙祭拜一番，祈求神灵保佑出入平安、人财两旺。

同汉族的春节一样，普米族吾昔节中最为重要的不在于吃什么、玩什么，而在于家人的团聚，不管离得多远，离别多久，都要在这一天赶回家中，"家"的意义在这一刻得到了最为集中的体现。对于中国人而言，传统节日最大的意义可能就在于亲情的维系吧，不管是已离世的亲人，还是远在他乡的亲人。

> **知识链接** 兰坪县河西乡三界村委会麦地坡村的鹿言发老人（69岁）给我们讲述了"一个粑粑的故事"，感人至深。1976年吾昔节，鹿言发在德胜村的岳父家做了一个粑粑，形如花朵，染以各种色彩，极其漂亮，大家都舍不得吃。岳父将粑粑交给儿媳带回大羊村娘家给她的父母，也就是自己的亲家。亲家看到粑粑，极为欢喜，但还是舍不得吃，就送去杂木沟村亲家母的弟弟家，也就是嫂子的小舅家，嫂子的小舅也极为珍视这个粑粑，同样舍不得吃，于是又把这个粑粑作为礼物送到德胜村堂弟媳的父母家，也就是鹿言发老人的岳父家。这样，这个粑粑转了一个圈又回到了原主人的家中。粑粑转了一圈，已过去差不多半个月了，虽然外表仍然完好，但里面却已经发霉了。

清明、"月半"祭亡灵

对于尊崇祖先的普米族人来说，清明节和中元节是除了吾昔节之外最为重要的节日，是哀悼和追思逝去亲人的重要日子，尤其是对于有新故亡人的家庭来说更是如此，显得极为隆重，是普米族传统文化得以深层展示的一个重要场合，也是普米族社会实现深度整合的一种重要时机。

普米族源出西羌，其风俗也多有古羌人遗风，葬俗自然也不例外。历史上氐羌支系民族多实行火葬,且历史久远,《荀子·大略篇》云:"氐羌之虏也,不忧其系垒也,而忧其不焚也。"即使到了今天,居住于茂汶地区的古羌人后裔,也在一定程度上保持了火葬的习俗。普米族在定居滇西北之前,也实行火葬,在玉狮场村我们也找到了这一习俗的遗迹,村人先祖多将逝者火化,其骨灰装入土罐中,然后埋葬在村庄对面的山坡的大树之下,并不垒坟包。在逐渐定居下来,并开始从事农耕,接受汉文化的影响后,当地普米人才开始实行土葬。垒坟立碑,安葬逝者。同时,除了火塘上的三脚架之外,坟墓也成为村人祭奠先祖的另一重要场所。同样受汉文化,尤其是道教文化的影响,清明节和中元节祭奠祖先的传统也在普米族社会中逐渐形成。对于曾经历漫长迁徙并历经苦难的普米族来说,对祖先的追忆与对故土的怀恋结合在一起,使清明节、中元节成为民间最为重要的节日。

清明节

　　清明节多在初夏与暮春之交,也就是冬至后的第108天,春分后第15天,现在一般统一在公历4月5日前后,各家可因具体情况而选定前后几天中某一天过清明节。通常而言,对于兰坪普米族来说,在清明节当天一早,家里就会派一个人先到先祖坟地,将坟上及四周的杂草、枯叶等打扫清理干净,若坟墓有被动

清明节坟前跪拜

物或山水损毁的地方，也要培土、修葺，然后摘来一些青松毛或柏树叶铺在坟前，为下午的献祭做好准备。此外，清理坟地的人随身带上一把香，给沿途的和自家坟地周边的坟墓都插上一炷香，以示邀请他们参加下午的飨宴，然后将剩下的香火插在先祖坟头上。其余的家人就在家里做准备，首先是各种折叠、裁剪出需要在坟前烧化的纸钱及金元宝、银元宝，此外就是准备茶酒和饭菜，这些都将带到坟山上作为祭品。准备完毕，一家人齐聚，或挑或背，来到坟山上，将一应祭品，包括茶、酒、饭菜、水果等摆放在坟前的松毛席上，家主念诵祭词，希望先祖享用献祭，保佑家人吉利，家人依次跪拜。随后，家人围坐一起，在祖坟前共进晚餐。

　　这是普米人家通常情况下的清明节，一般都是在家庭范围内进行的一次献祭。如果家里有新亡者，其第一个清明节就显得尤为隆重，需遍邀亲朋好友、近戚远亲，多者可达上百人。主人家备下丰盛的筵席款待来宾，各种菜品、饮料、酒水应有尽有。

　　上坟这天，所有的亲朋好友一大早就跟随主人家来到坟上开始祭祀。在仪式开始之前，首先要架起炉灶准备做饭和祭祀的供品。然后在坟地周围采一些松毛，铺在坟地的平地上，同时，将经过坟地的山路用树枝挡住，以防止外人频繁经过。同时，诗比会围着坟地的范围用五谷撒出一个圈，意为划出一个界线，使外族的孤魂野鬼不能与逝者争抢供品。另外，在坟前还会点燃一堆新鲜松柏枝，使它冒烟，用于清洁供品。

　　仪式开始，最先是祭祀山神。每一家人都有一个厚土山神的牌位，立在坟地的右上方，上刻"本山厚土山神之位"。在山神牌位前要放有酒及供品，供品必须是八个，有猪头肉、肥肉、腿子肉、肝、心、肠子、虾片等，还要在牌位前插三炷香，每炷香都是分开独立竖直地插在牌位前的。由逝者的子女们抬着供品到山神牌位前依次跪好磕头，然后由诗比在旁边念经，大致意思为今日来上坟，请山神保佑逝者，家中给予供品祭祀等等。念完磕头后将供品放在牌位前，点燃一堆松柏枝，将各种供品都拿一部分出来放在火堆上烧烤，冒出烟，即代表山神已经享用供品。

　　接下来是祭祀逝者。祭祀前，首先要在死者坟前摆放一簸箕

清明节坟前祭祀

清明节坟山上的伙食

清明节在坟前的祭品

供品，主要有鸡、鱼、黄酒、蔬菜、米饭，以及同一头猪的猪头、猪尾巴、猪腿、猪肺、猪肝、排骨等，基本上包括猪身上的所有部位，喻示整头猪都献祭给逝者了，其中猪尾巴被割下咬在猪嘴里。在摆到坟头之前，所有供品都要拿到燃烧的松柏枝上用烟熏，以示清洁。首先是死者的子女上前磕头，磕头时要烧香，诗比在一旁念祝，大意为：

今天是清明节，你的子女今日来看你，供养你，为你献上吃的、喝的和钱。您养大我们所用的钱，抱大我们所用的钱，今天都还给你，给你带上在那边使用。

并同时用松枝蘸酒洒在地上。此时，跪拜在地的孝子孝女大放悲声，哭诉亲人逝去的哀痛与怀念。随后，在诗比的主持下对逝者三拜九叩，敬献香烛，诗比将剩余的酒泼在碑上，子女的祭祀即结束。接下来是兄弟姐妹和亲朋好友依次祭祀，过程相同，但是诗比念祷的语句各不相同。

亲朋好友一般都要带各自的酒肉来拜祭和供奉，如果不带供品的则要向主人家挂礼钱，不拘多少，视自己的经济条件及与主人家的关系而定。有意思的是，在整个祭祀过程中，除了在亲人叩拜逝者时发声痛哭，所有人肃穆静立之外，其他场景并没有太多的悲哀氛围，反而谈笑风生，也有长久不见的亲友难得相聚，坐在一起聊聊家常。某种意义上，清明节已成为众亲朋访亲会友的大好时机，通过对逝者悼念，生者将原有的社会关系进一步强化，或者建构起新的社会关系。

祭祀完后，仪式基本结束，然后主人家在山上做饭宴请宾客。饭后，子女向逝者磕头告别，等到来年清明，家人会再次来到坟前敬祭，不过那将只是如前述在家庭范围内的祭祀。

中元节

除了清明节之外，普米族还有一个更为重要的祭奠亡灵的节日——中元节。中元节，兰坪普米族又称"月半节"，为每年农历七月十二日至十四日期间举行，一共三天时间。在七月十二日接新亡灵魂归家，七月十三日新亡灵魂与家人"闲"一天，十四日又将亡魂送回阴间安息。

同样的，一般是有新亡者的家庭才会在七月半时隆重操办。在六月份（农历），主人家就要提前准备献祭的一应物品，其中最为重要的是各种纸扎。纸扎分为"全扎""半扎""小扎"，因各家经济条件不同而各异，全扎是亭居一座、金童玉女一双，金

◂ 中元节的祭奠

第四章 节日：生活的节律与调整 077

中元节的祭奠

中元节的祭奠

山银斗一对，鹿、马、狮、象各一头，牵马神童一人，绵羊子母一对，乌鸦子母一对，白鹤一对，亡堂卫士二人，摇钱树一棵，此外还有祭帐、祭语、祭文、金银纸、亡报、纸钱等。这是较为传统的内容，现在有人家开始扎出电视机、冰箱、洗衣机等家用电器，其目的无非是希望逝者在阴间能够衣食无忧、生活舒适。全套纸扎制作下来，主家需花费三四千元。现在兰坪县城里有专门的作坊和店铺提供这种服务，主家可以按需购买，不过花费同样不菲。

随后，主人家要准备一间宽敞的房子布置亡堂。亡堂正中置八仙桌三张，后桌上放亭居，为雕梁画栋的三层"楼房"，亭内宽敞，灯火通明，有床铺、桌椅及亡者生前喜爱之物。亭房两侧除有仙鹤展翅欲飞外，尚有金童及玉女分立左右侍奉。左金山、右银斗，堂中留一

> **知识链接** **纸扎的制作** 完成这一套纸扎并非易事,纸扎师傅无法一个人完成所有的工作,需要请两到三个助手,需用五六十个工。首先要去山间砍来青翠的竹竿,并根据需要将竹竿切段、剖片或剖丝以备后用,然后再购买红、绿、黄等颜色的彩纸,并准备好糨糊和棉线。所需材料准备完毕,纸扎师傅和助手就可以开始动工了。先用竹料扎出基本骨架和轮廓,连接处用竹丝或棉线扎紧,然后在其上裱上彩纸,最后用彩笔勾画出各种图案。

通道,方便上供时走动。亭居中立一酷似亡者相貌的灵魂牌位,面向大家。再向前左边,是母羊低头舔舐小羊,羔羊跪地吮吸母羊乳汁(寓"羊有跪乳之恩"),右边是一母鸦盯着一只幼小的乌鸦(寓"鸦有反哺之义")。再向前,左是鹿和马,鹿是全身色彩缤纷,昂首挺立,马是高大健壮,背上金鞍铜镫,身形耸立,铃铛闪闪。牵马神童身佩宝剑、怒目圆睁,垂立马前,右手牵马,左手拿着给票;右是狮和象,狮是长毛拖地,威风凛凛,象是挺鼻龇牙,勇不可当。堂中两侧挂着绣球一对、灯笼一对。亡堂门两旁站着卫士二人,双手拿起长矛守护灵堂。此外,院坝内还竖起一棵高大的摇钱树,遍身都是串串金锞银锞,风一吹来,风铃就发出悦耳的声音。

除此之外,主人家还要杀猪宰羊,购置烟酒糖茶,以款待众来宾。七月十二日这天,主人家在院坝里坐东朝西,摆设八仙桌一张,桌左边是金童金山,右边是玉女银斗,东方还搭有阴间过渡的三座金桥,分为上金桥、中金桥、下金桥,上均铺有白布。

◀ 中元节的祭奠

▲ 中元节的祭奠

上金桥头放新亡者的灵魂牌位,桌上摆有花瓶、香架、油灯,寓万物成熟的果品、祭品,以及亲孝子送的亡报两封。桌下置亡者接回时洗净的香水一盆,新毛巾一床。这一天,乡邻、族人、亲戚、朋友纷纷前来,奉上各种悼礼,多为粮食、肉食、酒水等,也有礼金。到中午时分,即可开始接亡灵归家。

接灵仪式由诗比主持。诗比先拿一碗净水破五方,一碗黄酒祭山神,即就开始念接亡经,喊礼,时间约一个小时。新亡灵魂接到下金桥,以香烛之水洁净,迎上九莲台。随后,诗比又把新亡灵魂牌用一只红公鸡的鸡冠子开光,念诵道:

眼开光,眼看四方;耳开光,耳听八方;鼻开光,万物吸净;口开光,金口玉牙;心开光,心灵目明;手开光,左手抓金,右手抓银;脚开光,脚踏实地。

开光后,诗比喊礼,所有接亡灵者均行礼叩拜,哭声动地、火炮连响、锣鼓齐鸣、唢呐呜咽,此情此景,摧人心魄。

亡灵附于灵牌上被迎进亡堂,请进亭居里,亭前摆好花瓶、香灯、茶器、酒器、果品、亡报、食品、祭品,灯火通明,享受供祭。诗比喊礼，亡堂祭礼仪式开始。孝子孝女执杖亭前就位，男前女后，整理衣冠，内外肃静。此时，院坝内炮声大作，随即发号三声，鸣锣三响，击鼓三通，鼓毕奏乐。诗比念祷："兹为新故亡人×××（氏族姓）公（母）讳×××（名）享阳××（年岁）寿，灵前孝子孝女跪，初奠香，二奠香，三奠香；奠茶酒，二奠茶酒，三奠茶酒。香礼茶酒奠毕，孝子叩首，二叩首，三叩首，起立。果品供央奠礼，孝子跪，奠果品，二奠果品，三奠果品，果品奠毕，孝子叩首，叩首，六叩首，起立；馔菜奠礼，孝子跪，一奠馔菜，二奠馔菜，三奠馔菜，馔菜奠毕，孝子叩首，叩首，九叩首，起立。孝子执杖答理。"堂前众人依礼跪拜。亡堂灵下，放个大瓶罐，把烧完的香桩，旧的茶酒都倒进罐瓶里，送亡灵那天再用。此外，除了祭祀自家亡灵之外，还要把无孝、无家的孤魂游灵等也接来共享贡祭，另设孤魂牌独堂供祭。

接灵礼仪结束，众宾朋入桌晚餐。当天晚上，老人们围坐火塘边喝黄酒、唱丧调，年轻人则静坐亡堂守灵，上香、斟茶、酌酒，直到天亮。

七月十三日，接回来的祖神新亡灵魂要在家"休息"一天，主家祭早、中、晚三餐，每次祭祀都由祭师喊礼，并奏乐、放炮，主家、族人都参加叩头。孤魂牌也同样祭三餐。其余时候，除了主家及帮忙的人准备伙食及各种用品外，众人无事，有的串亲访友，有的闲坐畅聊，有的喝酒打牌。到了晚上，亡堂里的灯笼放出五色光，投射到各种纸扎动物身上，光怪陆离，活灵活现，犹如活物，让人恍惚间仿佛入了鬼神界。老人同样在火塘边喝酒唱调，年轻人同样守灵堂，上香、斟茶酒，也喝酒唱调，直到天亮。

七月十四日，早餐祭后，午前要祭亲戚朋友，一个接一个地祭，主家老小都参加祭主叩头。祭师喊礼，三跪九叩。祭师还要交代新亡者：您今晚回归阴间的时刻，您的族人、亲戚、乡邻、朋友都不要带走，送给你的祭品用马驮、用人背，祭礼是头酒、头茶、香肉、猪头、猪排、猪肝、猪肚、猪肠、猪脊肉、猪尾巴，有头必有尾，这全桌的祭礼，送您了。午时总祭一次，所有的人都叩首，诗比喊礼，执事者各执其事，放炮、奏乐。祭师给亡灵交代:"不要慌,细细地想,不能忘记,慢慢地走,回到太阳月亮升起的地方吧。"这时,家族长辈还要在火塘上祭三脚。午餐过后,将供祭物品向东靠西摆好,先由孝子举灵魂牌位在前,后亭居、金童玉女、金山银斗、仙鹤、母鸦叫一声哇,幼鸦叫一声哇,母羊叫一声咩,儿应一声咩。狮子舞,鹿儿蹦,大象跟,神童牵着马,在院坝里从左到右走三圈,又顺序摆好,正中间放上八仙桌。桌上放亭居,新亡灵魂牌位放在亭前。东方搭一个三脚架,架有一口大锅,供焚化祭品之用。诗比喊礼,放炮、奏乐,孝子孝女跪于堂前,读诵祭帐、祭语、祭文、给票、亡报,然后祭师开始念经,给祭品开光。随后将所有祭品投入大铁锅里焚化。此时火炮连响,鼓乐齐奏,哭声动地。随后,开始焚化新亡灵魂牌位及亡报,孝子孝女围着撕开亡报封口,念诵其上的地址和孝名,随即投入铁锅中焚化,并不断往铁锅中倒入白酒。有的主家家族大、亲戚多,亡报就有数百报,要花较长时间才能念完。所有祭品亡报焚化完后,将灰烬撮进铁桶里,并把这三天两夜的剩茶剩酒、香桩倒入,合成水饭一桶,谓"赶路水",由此时八名男子送到东边的河边,祭拜一番后泼洒进河沟里。

晚餐吃完后,家族、乡邻即散去,远亲留在家里。七月十五日早餐吃完后,就在堂里摆好"笼通席",在席面上大家又唱散席调。来自远处的亲戚们饮下主家敬的送行酒后陆续离去,这一年的中元节也就宣告结束了。

> **知识链接** 有新亡者的中元节对于任何一户人家来说都尤为重要,甚至也是全家族的一件大事,有的村寨甚至全村人都会参与。2013年的中元节,兰坪县河西乡麦地坡村中共有6户人家有新亡者,要接亡灵。这6户人家接亡灵的顺序有先后,死者辈分最大的人家先接,辈分最小的人家最后接,如果辈分相同,则年纪最大的先接,年纪小的后接。轮到某一户人家接亡灵了,村人都会前往其家中帮忙,这家接完,再往下一家。送亡灵时也按照同样的顺序。

在中元节中,普米族村寨中的尊老敬长的社会伦理同样映射到了逝者的世界中,而通过对逝者的追忆,这一观念又在现实生活中得以强化。同时,与清明节一样,参加中元节的各社会个体因为与逝者原有的社会关系,又被再度联结在一起,形成新的社会团结方式。

端午"游山会"

普米族喜过端午节,每年农历五月初五,兰坪的普米、白、傈僳、怒、彝等少数民族青年男女,从四面八方来到罗古箐的"情人坝"踏青、游春、赏花、对歌,青年人则结识异性,约定终身,端午节也成为普米族的"情人节"。

关于普米情人节的来历,传说在元朝年初,为了打破各民族之间禁止通婚的风俗,加强民族之间的交融和团结,土司木天王就下令各民族之间通婚。为了使当地的男女青年有谈情说爱的场所,木天王就在每年春暖花开、枝繁叶茂的五月端午节期间,在诸多高山草场开展聚会,促进各族青年联姻。活动一经推出就受到了各族群众的广泛认同,久而久之,"情人节"也就由此传承至今。

普米族妇女戒指

> **知识链接** 先秦时期的上巳节被认为是最早的"情人节",上巳日是指以干支纪日的历法中的夏历三月的第一个巳日,根据《周礼》记载,上巳日具有"女巫掌岁时祓除衅浴"(即以香薰草药沐浴)的大规模的民俗活动。在上巳节还有一种奇特的风俗——"会男女",即男女相会,约定终身,杜甫《丽人行》中的诗句"三月三日天气新,长安水边多丽人"所描绘的便是这种民风。

上巳节为农历的三月三,而兰坪属于明显的高原山地气候,海拔高、气候寒冷,到了草绿花红的时候已是初夏,此时正是滇西北地区的农忙时节,因此情人节在民间一直推迟到农历的五月端午,也正是农村农忙后难得的放松时节。平时普米族男女青年难得相会和交往,游山会就成了恋人们公开约会和交往的日子,被称为"情人节"。

普米族的游山集会具有悠久的历史,多在端午节期间举行。农历五月初五日,普米族合家欢聚,蒸包子、煮猪头分享,饮黄酒庆贺,并给村里的放牛娃娃送包子和肉片。人们用菖蒲缠于腰间头顶,以求清灾除病,有的人家还将菖蒲敬在神台前或悬在中柱上。各地的普米族青壮年,端午节都喜欢上山游玩。为了热闹,集会地点一般选在与几个村距离相当的中心地点。而且这地

盛装的普米族青年男女

点要有草坝、山林和流泉，这就是普米族的转山会（或游山会）。端午节这一天，四近普米族年轻人携带四弦琴，弓弩弹药，黄酒鱼肉，上山踏青游山，聚会玩耍；有的围跳锅庄，结识异性；有的对唱情歌，表白衷肠；有的难分难舍，约定终身。在普米族居住区的白族、汉族、彝族、傈僳族群众，也赶来参加盛会，一时间，寂静的山顶草地上人头攒动，热闹非凡。彝族的口弦声，拉玛人（白族支系）的《开益》，傈僳族的《摆时》，还有那极富挑逗色彩的舞蹈，如普米族的撞胯舞《搓蹉》，白族的《跳蚤舞》《蝶恋舞》，怒族的《阿罗亚杯》，共同汇集成了欢乐的海洋。据说，在以前，游山会中还有一个特别的项目，就是所有普米人都要跳到瀑布中沐浴，将身上的邪祟全都洗去，求得山神的保佑，得到健康平安。在这一欢聚的场合中，人们的才艺得以展现，情感得以释放，精神得以焕发，社会关系也得以进一步拓展。

兰坪普米族较早的端午游山地点，在兰坪县河西、石登、通甸、拉井四个乡镇交会处的雪门坎，山顶草地宽阔，森林葱郁，溪流清澈，药草丰茂，秀丽幽静，景色宜人。位居兰坪普米族居住中心，是普米族一个很重要的高山牧场。近年来因人口增加，人们又增选了通甸、拉井、金顶三个镇交会点——"剪羊毛处"山垭口草坝。到这一地点的有挂登、弩弓、干竹河、龙塘四个村的普米人，多时有2 000多人。1994年，下甸、河边、德胜、箐花四个村的普米族开辟德胜罗古箐为端午节游山地点。罗古箐草场边有两棵紧贴在一起枝串枝、根连根、高近30米的云杉树，被普米人亲昵地称为"情人树"。因此，这片高原草场也称为"情人坝"。当地人还说每年的"情人节"都要下雨，这是情人相思的眼泪，也如情人相思的情话，相思一年在这天向情人倾诉。其

罗古箐普米情人山庄

实,罗古箐地处高山,海拔在3 000米以上,因山高林密,气候多变,特别在"情人节"这段时间时晴时雨。罗古箐于1996年已被列为云南省第三批公布的自然风景区。2002年底,经云南省第四届中国昆明旅游节组委会批准,在罗古箐设立旅游节怒江分会场,活动主题为"东方情人节——普米族万人情歌盛会",并于2003年4月28日成功举办。2004年4月28日举办了第二次东方情人节。随后几年,东方情人节都于4月28日如期举办。

2004年5月20日,"东方情人节论坛"在兰坪举行,以探讨少数民族情人节、民族民间文化遗产和中华民族传统文化遗产之间的关系,发掘普米族情人节的文化价值。对于当地人而言,"东方情人节"为年轻人提供了一个结识异性、缔结姻缘的大好时机,为各民族的友好往来、团结融合创造了有利条件,同时也给当地各族群众开辟了一个展现才艺、休闲娱乐的重要场合。对于外来者,"东方情人节"提供了一个了解、体验当地各民族传统文化的绝好机会。源于普米族传统民间节日"端午游山会",以青年人聚会社交为主题的文化事项,在社会经济的推动下,最终被打造成了一个旅游业的品牌,发生了变迁。

第五章
祭祀：祖先和神灵荫护下的村庄

　　自然诸神崇拜和祖先崇拜是普米族宗教信仰中的重要内容，通过举行各种祭祀仪式，普米族村寨及家庭得到神灵和祖先的保佑和荫护。但凡节庆，普米人都要在家中的火塘上举行祭三脚仪式，向神灵和祖先禀告家中诸事并求得护佑。祭龙潭通常在大年初一举行，祈求龙神为家人消灾祛病，让村寨风调雨顺。祭山神也在春节期间举行，可求得出入平安、财运亨通。"退口舌"是一种治疗仪式，以消除鬼魂所带来的病痛和不宁，具有一定的心理治疗作用。

普米族传统宗教信仰以万物有灵论为基础，形成了自然诸神崇拜和祖先崇拜的传统。

在普米山寨中，山有山神，水有龙神，而一些年代久远的古树则被视为神树，祖先的墓地也具有一种神圣的意味，不容亵渎。同时，几乎每一个普米山寨都在村口处建有"土地庙"，护佑村人出入平安、财源广进，家堂中供奉"天地君（国）亲师"的牌位，又具有一定的道教文化的因素。此外，在丽江市宁蒗县，普米族村寨中多建有佛塔，屋顶插有经幡，山口有喇嘛堆，受藏传佛教的影响较深。近年来，在怒江傈僳族自治州兰坪白族普米族自治县的一些普米族村寨中也开始出现了佛塔。因而，在普米族地区，原始宗教、道教、藏传佛教多元并存，且和谐共生，并行不悖。

宗教信仰最直接的体现，就是各种祭祀仪式，这是村人与祖先、神灵沟通，求得荫护的主要方式。在一系列的祭祀仪式中，我们可以清晰地感知到祖先和神灵在族人心目中的神圣和不可替代的地位，人们都怀有一颗虔诚的心在向神灵诉说自己的一切来换取神灵对自己的庇护。

祭三脚：祖灵庇荫

普米族传统住房木楞房中一般都有一个火塘，每个家庭的火塘上都有一个"铁三脚"，这是普米族人在家里祭祀神灵和祖先的地方。在日常生活中，家中长者每天早上起来喝头一杯茶，首先要敬一敬铁三脚，每顿饭、每碗酒的头一口也都要先敬铁三脚。在所有的节日里，凡是家庭礼仪，都要对铁三脚举行祭祀仪式。特别重大的节日，如吾昔、清明、端午、月半等，都要对铁三脚进行隆重的祭祀。

关于祭三脚来历，在兰坪普米族地区流传着一个有趣的传说。

相传很久以前，有个叫毕丽妞的姑娘得到一只家传的玉镯。在她出嫁那天，路遇魔鬼挡道，父亲提着长刀和魔鬼搏斗。毕丽妞抛出玉镯，玉镯吐出熊熊火焰，向魔鬼烧去。父亲紧紧抱住想要逃跑的魔鬼，与魔鬼同归于尽。火灭后，玉镯变成一盘铁三脚

婚礼中的祭三脚

升上了天。事后，普米人带着酒和鸡祭祀死去的老人。往后，每户人家都在火塘上安置一个三脚架，将其视为家庭的保护神。

民间故事表现了普米人英勇顽强、不畏强暴的民族精神，但终归归于离奇。

有研究者认为，普米人的祭三脚仪式与所谓"三石崇拜"有关。在长期的游牧和迁徙过程中，由于不断地搬迁以及野外生活的需要，普米族人常因陋就简，用三块石头支起陶锅或铁锅，烧起柴火，热水、煮食、取暖，人们养成了围着火塘团聚、相会、议事的习惯，火塘也逐渐成为生活的中心。在这一过程中，人们对支起铁锅的三颗石头心生感念，并进而转化为一种宗教情绪，三颗石头也被赋予了灵性，形成了所谓的"三石崇拜"。后来三颗石头被更稳固和耐用的铁三脚所取代，而这种崇拜也随之转移到了铁三脚之上，并逐渐形成了祭祀的习俗，已然成为"家"的象征。

普米族主要分布于滇西北地区，夏无酷暑，冬则寒气逼人，火塘中熊熊燃烧的柴火常年不灭，为全家人带来光明、温暖。铁三脚上烹煮的饭食、茶水，供给家人一日三餐。火塘边上的两张床，是普米社会中最受敬重的老人的卧榻。卧榻里侧置有床头柜，里面存放着烟酒糖茶，便于老人随手可取。床头柜一脚用铁链与铁三脚朝向上方脚相连，禁止任何人跨越。床头柜上方一般

第五章　祭祀：祖先和神灵荫护下的村庄　089

供奉有天地牌位、灶君牌位、祖先神龛，普米语称"董密"，也即家堂。在这样的场景中，铁三脚更加显现出神圣的意味，因而也颇多禁忌。

> **知识链接　铁三脚的禁忌**　任何人不得有敲打、踩踏或者跨过铁三脚，也不得往火塘里扔垃圾、吐痰等不敬的行为。

火塘是普米人日常生活的中心，而铁三脚则成为火塘的中心。但凡婚丧或节期，家人必定要在火塘上祭三脚，祭祀祖先和各方神灵，如祭山神、祭房头等。祭三脚是家庭祭祀活动，常频繁举行，一般不需要请祭师，多由家中老人自己主持。

不管因何事项而祭三脚，其过程大致相同。在每年的春节三天（大年三十、初一、初二）以及嫁娶、丧葬、新亡者的清明节和七月半节，祭祀最为隆重。

在祭三脚时，铁三脚的每只脚顶上和左向东那格下都覆盖上青松毛和香柏枝，不同的是，嫁娶时祭三脚用簽仙草，春节、丧葬、中元节用青松覆盖三脚架。其上再装上香肉、头饭、头茶、头酒。一切就绪，老人左手端一碗黄酒，右手拿一截带松毛的松枝尖儿，将黄酒用松枝尖儿点洒到铁三脚上，口中念念有词，大致意思是祈望山神和祖先们保佑后代，使后代五谷丰登、六畜兴旺、合家平安。依次祭拜从天到地的大小神、房头神、庙神、龙神，最后在左下格祭祖先。祭祀祖先需要先念及祖先的名讳和属相，呼唤了祖先之后，详细告知家里正在做的什么事。此外，在不同的祭三脚中，礼节和祭词会稍有差别，由主祭者掌握。

在祭三脚之前，家里的茶酒饭菜都不能被动过，必须先献祭三脚。在主祭者祭奠完毕之后，全家人须在老人的带领下于火塘下跪拜，如果是婚嫁中的祭三脚，则由一对新人下跪拜。祭三脚结束后，主祭者会将铁三脚上的饭菜各夹一点放入一个碗中，茶、酒也倒入一些，作为"水饭"送

▶ 普米族老人

给那些未被祭奠的孤魂野鬼。随后，全家人才能入座开餐。

祭三脚中的祭词可因场景的不同而有所差异。兰坪县箐口村杨文铎老人为我们整理了部分祭三脚的祭词，在此节选部分内容以飨读者。

吾昔节祭三脚
搓～搓～搓～
天上的大神小神
天上的爷爷神
天上的奶奶神
太阳月亮弟妹神
天上养人育人的神
我们诚信敬意
要祭十三层天堂
要祭天上的日月星宿云彩风雨
天上的神敬了
要祭地上的万物之神
人畜生灵的保护神
天上山川河流的保护神
在地下
天养人，地长人
今天我们祭三脚
是在新的一年里
是在吉利的一月里
……
各民族各氏族的神
所有大神和小神
请保佑我们安康
请带给我们幸福
让我们风调雨顺
保佑我们家里人丁兴旺
保佑我们田里的庄稼丰收
保佑我们厩里的牲畜兴旺
搓～搓～搓～

▲
吾昔节
祭三脚

祭拜庙

(普米语称"师日""帕拉师日""格拉师日")

神灵法力无边

神灵慈悲为怀

祈求神明福佑全家

使我们万事如意吉祥安康

出远门得到保佑

去时要护送

回时要护迎

祝黑白要分明

祝善恶要分清

做生意要财源广进

端着金银回来

搓~搓~搓~

祭拜龙

(普米语称"希奶别")

我们用深山密林中的白色母鹿的乳汁祭敬过你

我们用草原上白色母牦牛的乳汁祭拜过你

我们用鲜红的头母牛乳汁祭献过你

我们用雪白的母羊头乳祭奠过你

请神龙降福

请神龙赐恩

感谢阿达希玛

给世上人带来了智慧和力量

给各民族各氏族带来了幸福和希望

望给百花争艳

给芭蕉叶宽的

给果实香甜的

望松柏常青的

耸拱龙罗雪山高耸入云

雪水清澈明亮

牲畜膘肥体壮

子孙聪明伶俐

家族团结和睦
给人们安居乐业
祝愿节日时辰更好
祝愿岁月年代更新
愿生活充满希望
愿人间生机盎然
在新的一年里
保佑我们人寿年丰
狂风不刮、暴雨不下
保佑我们风调雨顺
祝福龙神水晶宫殿里
花开艳丽
绿林成荫
藤攀葛绕
草儿嫩美
吉吉利利
万事如意

祭祖先

（普米语称"巴部利"）
高祖父（怒部）属相
高祖母（怒爹）属相
曾祖父（松部）属相
曾祖母（松爹）属相
祖父（阿部）属相
祖母（阿爹）属相
伯祖父（阿部大）属相
伯祖母（阿爹大）属相
叔祖父（阿部在）属相
叔祖母（阿爹在）属相
伯父（阿崩代）属相
伯母（阿勉代）属相
父亲（爸）属相
母亲（妈）属相

叔父（阿崩在）属相
叔母（阿勉在）属相
哥哥（阿坝）属相
嫂嫂（伴白）属相
弟弟（名讳）属相
弟媳（名讳）属相
（家族从上辈到下辈、从大到小的称呼、名讳及属相
全家族从高到低的称呼、属相）
都敬祭了
我们在这里什么事里
我们在×年×月×日
人未吃的头茶、头酒、香肉、米饭
祭敬你们了
你们口中尝味道
你们牙间尝香味
看不见的不能讲
听不见的不能说
你们坐在阴间的高位里
保佑我们阳间田里的庄稼丰收
保佑我们厩里的牲畜兴旺
保佑我们家里的人丁繁昌
说好得好
句句得成
吉吉利利、利利吉吉

祭龙潭：风调雨顺

　　普米族先祖过着游牧生活，"逐水草而居"，南迁定居之后择缓坡地建立村寨，农牧兼营，水源对他们的生产、生活具有重要的意义。普米族人认为龙生水、水养人，无龙则无生计，龙神就是水神，掌管池塘、负责施风降雨，能够保佑村寨风调雨顺。若遇干旱时，则要举行全村的祭祀，颂扬龙神神威，祝福龙家兴旺

箐口村祭龙潭

发达。同时普米人还认为，龙神主宰着家里的牲畜及人身上的病痛，凡有家人生病或牲畜出现伤亡等均认为是龙王神不高兴，放出的鬼怪缠住了生灵，使之不得安宁，如不及时去祭供神灵，则将大难临头。因不慎冒犯了龙神，招致疾病或灾害时，也要祭龙潭，向龙神赔罪，祈求宽恕。

在2008年2月8日（农历正月初一），我们参与了箐口村杨继宣家族的一次祭龙潭仪式，仪式由诗比和国芳主持。

其实所谓"龙潭"，也就是一个十多平方米的水塘而已，有的稍大，有的稍小，深浅不一。普米族各家皆有自己的龙潭，多在村寨周围水源充沛处，杨继宣家的龙潭就在其家门口，由竹槽引水提供水源。由于村中修建的人畜饮水工程直接将自来水引入各家各户，龙潭水源甚少使用，加之箐口村水源林遭到一定程度的破坏，杨家的龙潭已淤塞。在祭龙潭之前一日，家人对龙潭进行清理蓄水。祭龙潭通常以家族为单位，也有以户为单位或村为单位的祭祀。

在祭龙潭前一天，年轻人就要清理水塘中的淤泥和残枝败叶，畅通水道。当日，主人家早早准备好酒菜、酥油、茶叶、糌粑、鸡蛋等祭品，一一摆放于龙潭边上，同时在四周遍插青松枝，每枝青松前点一炷香。通向龙潭的各个路口都要点燃一堆松柏枝叶，烟气袅袅升腾，清香阵阵，过往行人都要从烟雾上面跨

箐口村
祭龙潭

过，以示洁净。两个年轻人吹响牛角号，鞭炮齐鸣，由两人将祭品托盘在松柏枝叶烟火上熏沐三道，再摆放于龙潭前，诗比吟诵"希巴别"（"祭龙调"）：

……
祝愿人间太平，
祝愿百姓安康。
阿斯打希玛呵，
龙家盘踞的地方是金光闪耀的地方，
龙家居住的周围是银光闪烁的草山。
我们不敢砍伐龙家的树木，
我们不敢践踏龙家的草苗。
水里的青蛙，
园里的蟒蛇，
我们也未曾惊动。
乡亲邻里也不敢得罪过龙家。
请神龙降福，
请神龙赐恩。
……
为我们解除祸害吧！
家家户户唱的是——
百花争艳的歌，

果实香甜的歌,
松柏常青的歌,
耸拱龙罗雪山哟高耸入云的歌,
茶瓦山连绵不断的歌,
江水奔泻而下的歌,
龙潭水清澈明亮的歌,
牲畜体壮膘肥的歌,
子孙聪明伶俐的歌,
家庭团结和睦的歌,
人们安居乐业的歌。
……

箐口村
祭龙潭

而后诗比指挥年轻人将酒水用苇叶向塘中点洒,也将祭品各取几样撒于塘中,然后在场所有人向水塘跪拜。祭祀毕,全体人员共同饮食。

传统上,箐口村各家都有自己的龙潭,可以是房前屋后、村头村尾的箐沟或水塘,在自来水修建以前,这些地方也是各家汲水、洗衣的地方,水源是流经村里的山泉。但在自来水修通以后,这些"龙潭"逐渐被废弃,被淤泥和杂草充塞。其中更主要的原因还在于后山上流下来的泉水越来越小,有的龙潭因此而干涸了。杨文铎老人就对此深有感触,他对年轻时村后树木繁茂、水源充沛的景象记忆犹新。

对于生活在半山坡上的普米族来说,水的重要性不言而喻,如果生态遭到破坏,旱季则缺水,雨季则成洪,极易发生泥石流或山体滑坡。而要得到龙王的保佑,求得风调雨顺,就得保护水源林,无龙则人无生计,因此不允许在水源林砍树,以防龙王"搬家",因而把祭龙潭看成是一件生死攸关的大事。

祭龙潭正是这种特定生活环境下基于"万物有灵"信仰的一种仪式行为,规范着普米人与自然的关系,与祭神树、祭神林等一起塑造了普米族独特的所谓"山岳生态文化"。由此,我们看到祭龙潭所蕴含的生态保护意义,这一信仰也具有了现代价值。

祭山神：出入平安

普米语称山神为"精吃""日精"，为掌管村寨平安之神，"司日"为掌管远行平安之神。箐口村村口的山坡上有一座山神庙，通常被称为"三香庙"，据说是在"文革"期间由"山神庙"改之。村民出行回望时最后一眼看到的是山神庙，归家时第一眼看到的也是山神庙，外来者看到山神庙，就知道自己马上就要进入村庄了，意喻山神能够挡住外来的邪恶和灾难，福佑村社，保护村民出入平安。与箐口村类似，在玉狮场村村口也有一座小庙，当地人称为"土地庙"，其意义与箐口村的"三香庙"相似，村民出远门时，都会随身带上一些果品或点心，在庙前祭拜一番，求得庇佑。

每逢岁首、年中、喜庆，都分别举行祭山神仪式，分为有户祭、族祭、村祭三种，在箐口村，通常是户祭。时间一般定在大年初一早晨，时间越早越好，据信谁家先到山神庙祭祀，谁家就能拔得头筹，一年当中好运当头。

在箐口村多年以来几乎都是杨文铎家中第一个祭祀，因为其家总是能够起得最早，第一个赶到，另外也缘于他家在村中享有

玉狮场的山林
▼

的威望，村人也有谦让之意。但在今年的祭祀中，由于我们的参与，耽搁了不少时间，杨家临近中午才赶到山神庙，杨文铎老人也不以为意，事实上现在很多人家已经疏于祭祀习俗了。

往年多是老人自己主持祭祀仪式，但今年为了我们的拍摄，老人还特意请了邻村年轻的"诗比"和国芳主持，自己也换上了正式的普米族传统服饰，在一旁指点。

出发前，杨文铎老人的孙子孙女们已经准备好了一应吃食和用具，其中最重要的是一只在祭祀中使用的大公鸡，此外还有锅碗瓢盆、油盐酱醋茶等，还用塑料壶装了两壶清水，自然还有必不可少的纸钱、香火、酒水等等，除了孙子挑了两篮子之外，全家人几乎每人都要随身带些相应的物什。

到了村口的山神庙，首先是打扫、清洁案桌上前一家村人祭祀之后留下的香灰和祭品，供上自家的供品，包括茶、酒、水果等，继而点燃香火和蜡烛，主持仪式的和国芳站立一旁，诵念祭词，杨文铎全家人在山神泥塑前三叩九拜。

祭拜结束，年轻人在山神庙一侧的空地上杀鸡做饭，从树林里找来干柴，用三块石头架起罗锅把水煮开，把鸡简单处理之后放入罗锅烹煮，同时也将大米放入，这就是鸡肉饭了。在煮饭的同时，孙女在火堆旁放上一只小壶煮茶，这只壶小到只能倒一碗茶，不是为人准备的，而是给山神送水饭用的。待鸡、饭煮熟

后，就在一只空碗里倒入茶水，撺入鸡身上各个部位的一点肉和米饭，将茶水和吃食一并送到树丛中泼洒掉。然后全家人席地而坐，分食鸡肉饭，同时将骨头扔入火塘中焚烧。

每村一座的山神庙在某种程度上成了村寨的象征，标示了村寨的界域，这当被看作一种地域性的认同指向。

退口舌：驱灾避祸

祖先和各方神灵在享受了献祭之后，都会福佑家人。但有些孤魂野鬼则可能不时骚扰，给家人带来不安，需要举行某些仪式，驱灾避祸。

普米族人举行的仪式为"退口舌"，又称"送替身"（普米语称"确勤"），是一项常见的巫术活动。每当家庭成员不睦，或邻里不和，或家人身体病痛，便会被认为是有人在暗中用坏话诅咒，企图加害于自己，退口舌的意图就是把这种恶语退回给诅咒者，让他自食其果。各种灾难或病痛也有可能被认为是鬼魂作祟，经占卜得知何鬼所为、需求什么后，诗比要先满足鬼魂的要求，让鬼魂享受温暖与食物。然后一面指名道姓呵斥怒骂，一面舞刀弄枪施术把鬼驱赶到村外。

我们在调查过程中常在村寨路边发现退口舌时送出的人偶，

退口舌仪式

或用柳枝，或用松枝扎成。可见退口舌在普米族村寨中较为常见。我们于2008年1月访谈了下安乐村的杨主星诗比，并直接参与观察了2009年4月在玉狮场村杨国栋诗比主持的一次退口舌仪式过程。

退口舌仪式中用的公鸡

当某家有人生病，欲请诗比退口舌，则需要准备下列物品：一头小猪（小型的退口舌用一只鸡即可）；一个鸡蛋；大麦或小麦炒；用麦面捏出来的小人：通信员，其职责是给阎王报信；用麦面捏出的病人原型；用松毛（男病人）或杨柳枝（女病人）扎出人形；一根青竹子剖成五片（约两尺长）；篾片一条（一尺五长）；一只小口袋（用病人穿过的衣服上的布片做成），其内装入面人；十三点肉（猪身上各个部位）。

退口舌的场地是院外空场地上，法坛是一张小桌子，桌子上摆一件用木块搭成的小木楞房，放上几个面捏的小人，桌脚上拴一棵小桦树，一竿带叶青竹，竹上挂白纸幡。再备好一张竹弓、四支竹箭、一个铃铛，法坛旁用3个石头支锅。

一切准备就绪，诗比在火塘边上先祭三脚，告知天神、山神、龙神、灶神以及祖先，家有不顺，要驱鬼魂。然后将麦面捏成的小人送到门外，意为给阎王报信。这时，诗比走到准备好的猪前，念祷一番，将猪作为病人的化身送给阎王，意喻送出猪的命、留下病人的命。随后将猪宰杀，把猪的颈椎骨砍下放入干净的盘子里，置于香案上，祭天神、祭诗比的师兄、师傅，再剁下猪的膀子，放入冷水中煮熟，将肉汤中的沫子打出浇在松毛（或柳枝）人偶上。在猪肉煮熟后，一家人分享，诗比要刮掉猪膀子上的肉，查看骨头上

知识链接 **退口舌歌** 祭祀过程中，诗比颂唱"退口舌歌"，众人帮腔，主要内容为：退口舌，退口舌，那些企图谋害我们的人，我用刀割掉你的舌头，用箭射穿你的心肝，你咒我家的坏话，得报应的是你自己。

退口舌仪式 ▶

退口舌仪式 ▶

退口舌仪式 ▶

的花纹，判断吉凶。饭后，将面人、猪身上不同部位的十三点肉、猪膀骨放入小口袋中，背在人偶（替身）身上送出门外，表示已把事主家的是非口舌祸祟撵走了，此后一家可保平安。最后，诗比还要把请来的神灵送走，把诗比的神喊回来。

从巫术的性质角度，可以把巫术分为黑巫术和白巫术。黑巫术是指嫁祸于别人时施用的巫术；白巫术则是祝吉祈福时施用的巫术，故又叫吉巫术。而从形式的角度，则可分为摹仿巫术和接触巫术。

摹仿巫术是一种以相似事物为代用品求吉或致灾的巫术手段。如恨某人，便做人形，写上该人的生辰八字，或火烧或投水，或针刺刀砍，以致那人于死地。从性质上讲，这属于黑巫术。而接触巫术是一种利用事物的一部分或事物相关联的物品求吉嫁祸的巫术手段。这种巫术只要是接触到某人的人体一部分或人的用具，都可以达到目的。如某人患病，在病人病痛处放一枚钱币或较贵重的东西，然后丢在路上任人拾去，于是认为病患便转移到了拾者身上。

由此看来，退口舌显然属于一种巫术形式，从其性质来看当属白巫术，杨主星老人在给我们讲述时始终强调这种仪式是在"做好事"，不会去害人；而从形式来看，当属于摹仿巫术和接触巫术的融合，既有摹仿病人的面人、松毛人（柳枝人），也需要用病人穿过的衣服。

在医学知识有限、医疗卫生条件较差的情况下，普米族人同其他民族一样，在病痛之中除了自制的草药之外，最常用的处治办法就是求诸鬼神。从自然科学的角度而言，这种方式百无一是，但巫术在心理抚慰方面发挥的功效也不容忽视，从而有可能会对疾病的治疗起到一定的作用。

第六章
用歌声装扮的婚礼

　　普米族的婚礼过程中处处都有歌声的装扮，充满了祥和、幸福。对于婚姻的缔结，普米族传统上奉行"氏族外婚"和"姑舅表优先婚"，在说媒、提亲、订婚的过程中遵循一定的习俗，并常常通过"哩哩"的吟唱而促进双方的交流。在择定的吉日举行婚礼，男女双方家庭都要备下盛宴，搭建"青棚"，款待亲朋好友。迎亲队伍骑马跨骡、披红挂彩、敲锣打鼓，喝酒、唱调、打跳，喜气洋洋。新家庭的组建，也意味着新的社会关系网络在家庭、氏族、村寨之间被建构起来了。

婚姻对于每一个人来说,都是人生中的一件大事。美满的婚姻是幸福家庭的基础,而家庭的和谐则又事关社会的安定团结。因而婚姻既是个人和家庭的大事,也是重要的社会文化事项。最能体现出婚姻文化内涵的,当属婚礼过程,它标志着两个个体告别单身,组建起新的家庭,将要承担起新的社会责任。对于联姻的两个家庭或家族来说,他们也创造了新的亲属关系网络,也有利于社会团结的进一步加强。因而也就可以理解,为什么世界上大多数民族都尤其重视婚礼。对于普米族来说,他们的婚礼过程中处处都有歌声的装扮,充满了祥和、幸福。

婚事中的规矩

在封建社会中,普米族实行姑舅表优先婚,姐妹所生的子女(姨表)之间一般不"开亲"(即通婚),兄妹或姐弟两家的子女(姑舅表),如果性别相对、年龄相当,若一方提出婚约,则另一方一般不会拒绝,且被认为是最优选择。当然,如果双方都没有提出婚配的请求,就可以与其他氏族通婚。在传统社会中,普米族青年由于社交范围有限,择偶空间相对狭小,因而只要有适合

普米族女青年

的姑舅表亲，一般都会选择这种"亲上加亲"的婚配形式。

需要说明的是，虽然普米族奉行姑舅表优先婚，但却实行严格的族外婚，也就是由同一个祖先繁衍下来的同一个氏族之间禁止通婚，尽管两者之间的血缘关系已经微乎其微，但只要家族姓氏还在传承，祖先记忆还在延续，他们之间就不能通婚。

兰坪县玉狮场村的乖攘氏族与维系县菊香村的日戎皮是两兄弟，因而他们的后代仍然被认为是一家人，不能通婚，尽管乖攘与日戎皮的兄弟关系差不多已经是二十代之前了，而且两村也相距甚远。乖攘在玉狮场生育了三个儿子，繁衍为三个家族，即国娘（卓热来）、阿刮、尼崩，后来迁入的果里家族与国娘等结拜为兄弟，形成了玉狮场的村落族系。前三个家族之间也保持不开亲的传统，而与果里家族则可以自由通婚。

在村里调查村民谱系时，我们发现了一个有趣的现象，就是几乎全村人都是亲戚。最初我们以为这只是泛泛的邻里辈分、长幼之分，这也是中国人建构社会网络的习惯方式，但后来才发现，村民们之间确实大都存在着或近或远的血缘关系或者姻亲关系。一方面，国娘、阿刮、尼崩三氏族有同胞兄弟之谊，视对方为家人；另一方面，箐花一带普米族多有族内婚的传统，则果里氏族就成了三氏族最好的通婚对象。如果说三个同胞氏族的血缘纽带因岁月久远而有所疏离的话，那么与果里结成的姻亲关系，又将他们再度联结在一起，形成了一种所谓"亲上加亲"的关系。因而，长久以来，作为一个纯粹的普米族村寨，玉狮场人保持了较强的内聚力。

国家的政策宣传和科学知识的传播，使越来越多的村民认识到婚姻与生育对人口素质的影响，普遍的近亲结婚可能导致人口素质的下降。

传统上，兰坪县河西乡普米族大多保持族内通婚的习俗，本乡的四个普米族村委会箐花、大羊、联合、三界以及临近的通甸镇德胜村的各个自然村互为婚姻。而在本民族之外，几百年以来，河西乡普米族虽与白族（拉玛人）、傈僳族、彝族等比邻而居，但甚少出现族外婚的现象。

从主位的角度，一些老人说，一方面是普米族与其他民族语言不通，而普米话又较为难学，外族女子嫁入多有不便；另一方

普米族青年妇女服饰

面是普米族社会中礼仪繁琐，如媳妇不能上火塘，必须站在火塘下面服侍公婆，客人来了，媳妇也不能入席。其言下之意是外族女子难以适应普米族的家庭制度和生活习惯。而客位的角度，也有普米族作为外来民族，其民族流徙的历史使其具有保持族际边界的集体无意识，强烈的民族自尊心也难免使其具有一种天然的戒备心理。

改革开放之后，族外婚现象虽然不是很普遍，但也是越来越常见。其中原因，一是随着社会的发展，使年轻人在上学、外出务工等各种生产活动、社会活动中有更多机会结识其他民族的异性青年；二是国家倡导的民族平等观念深入人心，各族之间相互接纳的程度显著提高；三是在普米族村寨内部，尽管仍存在男尊女卑的传统观念，但妇女的地位也得到了一定程度的提高，外族女子也更能适应普米族的生活习惯。因而改革开放之后，在众多的普米族村寨，族外婚也逐渐被接受。

在改革开放之后，尊父母之言、姑舅表优先婚的现象逐渐减少，而自由恋爱已经成为一种风气。但是尽管国家颁布的婚姻法鼓励婚姻自由，包办婚姻现象日趋少见，但年轻人也并没有完全获得择偶的自主权，首先他（她）必须遵守普米族人氏族外婚制的传统，即使已经超出了婚姻法所规定的"近亲"范畴，同一氏族仍然禁止通婚。

在玉狮场数百年的历史中，包括政府鼓励恋爱自由、婚姻自由的这60年期间，村里也未出现过同一氏族内通婚的现象，即使青年男女在共同的生活和劳动中可能产生感情，但也会被理解为亲情，通向婚姻的道路早已被截断；其次，崇奉祖先、以孝为先的观念始终是玉狮场普米人传统文化之中重要的内涵，父母的意见在年轻人择偶的过程中仍然占有重要地位，尽管年轻人获得了一定的自主权，但很少有完全不听取父母意见的情况发生，当然也很少有父母完全不顾儿女意见、强行逼婚的现象出现，通常的情况是两代人之间的充分协商，有时候要互为妥协，这样的例子较为常见。普米族父母"干涉"子女婚姻的现象，主要是父母考虑到子女不知禁婚的缘由而违反了婚姻的宗法。

改革开放之后，年轻人的择偶观念发生了折转，家庭出身和政治身份不再是优先考虑的因素，而家庭条件成为首选。勤劳致富的家庭普遍更受欢迎，"地基"（房子）、牲口，甚至为过冬而准备的柴垛都成为看得见的物质条件，品性、学识、技能等个人特质也备受看重。

对于西南边陲的普米族人来说，他们有自己独特的表达方式，婉转、深情的普米情歌由古传唱至今，如"铁打链环扣一生""除非秤砣浮上水"等，寄托着普米青年的情思，甚而歌舞也一直是青年人交往异性的过程中必需的技能。

此外，婚姻是一种社会交换形式，通过这种交换，社会关系网络得以延续或重构，新的社会空间使年轻人的选择有了更多的可能性。但不可否认的是，婚姻依然不可能仅仅是两个人之间的事，而是两个家庭，甚或两个家族之间的关系的体现。甚而国家政策方针的导向和社会文化环境的调节对玉狮场人的婚恋行为产生着重要影响，而传统文化对家庭和婚姻的规约仍然无处不在。

婚姻的缔结

传统社会中，普米族婚姻多由父母包办。因为姑舅表优先婚的缘故，若舅舅家或姑母家有适婚的对象，则父母会先向对方提出，对方父母一般也不会拒绝。如果没有适婚的对象，父母则要张罗着请媒人四处说合。如果年轻人在某些场合（如游山会）有了心仪的对象，也会向父母提出。

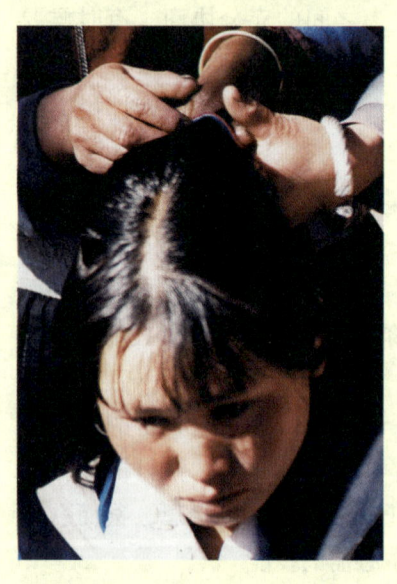

◀ 为新娘梳头

男方家所请的媒人一般是本家的长辈，如伯父、叔父、舅父或族内叔伯，男方本人或其父母一般也不会亲自去说媒。在说媒之前，男方家已经通过各种渠道对女方本人及其家庭有所了解，首先是姓氏，以判断是否属于同一氏族，若为同一氏族则不能开亲；其次是女方的"生辰八字"，要看双方是否"相冲"；再次是对方的家风门风，以及女方的作风、性格、能力等；最后也需要大致了解对方的家庭状况。当然，女方家也会通过各种渠道去了解男方家的相应情况。

在把握了这些基本信息之后，男方家聘请的媒人就可以上门提亲了。媒人身上挎一个麻布包包（普米语称"色如"），里面装着一瓶烧酒，衣服兜里还揣着一对珍珠（普米语称"哦吉"）。到了女方家里，媒人首先把"色如"挂在火塘左边床架上，女方家一看见"色如"，就知道来人是提亲来了，于是邀来族中长者，备下酒菜，款待来客。媒人与女方家长坐在火塘上，喝着黄酒，唱起"哩哩"，一问一答如：

（女方家）问：远方客人为什么到我家来？

（媒人）答：舅舅家风光好，人更好，不来不行。

问：远方客人来做什么生意？
答：做珍珠生意。
问：我家有花，可是采不得，珠宝尽可看，可是不送人。
答：舅舅家心好，哪会让外甥空手回家。

如此等等，你来我往，甚至可能花上一两个小时的时间。

随后，媒人借给对方传烟（草烟，"辣花烟"）之机，把两颗"哦吉"藏夹在烟中传给女方家长。女方家长也知道草烟中夹带着"哦吉"，而接与不接，则事关这桩婚事答应与否。如果对婚事不满意，则可借故推脱，如果接下，则意味着应允了对方的提亲，不会再拒绝。

在女方家长接下"哦吉"之后，媒人就起身把"色如"里的烧酒取出，送给对方。女方家长接下烧酒，打开瓶盖，先将酒敬给火塘上的铁三脚，按逆时针方向在铁三脚的每只脚上滴三滴酒，以告知祖先和神灵，愿意缔结这门亲事。随后，在场者把酒言欢，先敬长者，其余人再畅饮，亲事就算确定了。即便个别人不同意也可不参与喝订亲酒，但只要父母同意，族内个别人不同意也无关大碍。

知识链接 订婚后，男女两家往来日益密切，每有重要事项，必邀对方参加。尤其是在每年农作物收获后，用新粮食酿好黄酒、做成粑粑，也就是"吃新"之时，男方家必定要给女方家送去一份，通常由准新郎自己送去，若有不便，也可由其兄弟姐妹或父母代劳。女方家收到礼品后，与族内各家分享，而各家也都来请送礼来的人到家里做客，意味着双方亲戚关系已经建立。此外，不管是男方家还是女方家，但凡有农忙之事，对方必定上门帮忙，两个年轻人也在劳动中逐渐增加对对方的了解，培养感情。男方也可给女方送手镯、衣服等礼物，表达爱慕之意。

提亲当年内，男方家还要到女方家再次求婚，其实是双方开始商量婚事的操办了。这次，男方家长与媒人来到女方家，带着一应礼品，其中包括猪后腿一只、黄酒一大坛、烧酒几瓶、面条二十把，此外还有专为祭三脚准备的祭品，包括用"子仙草"塞好瓶口的黄酒、烧酒各一坛，用贴有"囍"字的专用篾盒"迪笆"装好的猪腰骨两根（双数）、肥肉一小块、大肠一截、香肠一圈、小个的油煎粑粑四片。此外，男方家还要根据女方家家族的情况，给每户人家带上一瓶烧酒。

婚礼中的用具——迪爸

晚饭后,开始祭三脚。祭三脚的主祭人选需要男女双方家商量好,一般会聘请女方家擅长主持各种仪式的长者。男方家来的人敬奉给祭师两杯酒,一杯烧酒、一杯黄酒。祭师把酒饮下后,接过媒人递来的洗脸盆和毛巾,净手洁面,开始祭三脚。此时,女方把"迪爸"中祭品取出,加热后切成小块放入碗中,共五碗,再加上黄酒和烧酒各一小杯。其余的祭品要放回"迪爸"中,由男方家带回再祭自己家的三脚。此次祭三脚的目的,是向祖先和神灵禀告,婚约已成。

祭完三脚,双方才围坐在火塘上正式商量婚事的操办问题,主要是男方询问女方家大概什么时候方便结婚;什么时候可以请诗比择日子了;结婚要大办还是小办,大办的话接亲队伍要来28人,小办则为14人。还要谈"母乳钱",也即一对新人象征性地报答父母养育之恩的表示,女方开一个数,如男方没带够或没带则先谈好,到送喜帖或接亲那天再给。还有就是新娘的婚装,谈好后男方接亲那天要带来给新娘穿。此外就是说明结婚当天男方需要给女方村寨和家族带些什么礼物,也要谈清楚。

所有关于婚礼的礼节和时间都已讨论好,双方才围着火塘畅怀痛饮,通宵达旦。

婚礼中祭三脚

男方回家后根据女方的意见请了诗比择定一个好日子，诗比一般在冬月或腊月间农闲时选定一天。诗比还要根据男女双方及其父母的生肖属相来判定，哪些日子犯冲，哪些日子则是大吉大利。选定了日子，男方家长和媒人就一起到女方家通知并送交喜帖。根据婚期，男女双方开始陆续筹备了，喜帖也陆陆续续送到了亲友的家中。

婚礼进行时

在择定的日子到来之前，家里已经养好了几头肥猪，提前几天就要宰杀好，黄酒和烧酒都已存下几大缸，足够来宾们畅饮。新房也装饰一新，更换了新的床褥和家具，门上、墙上、家具上都贴上了大红的"囍"字。家里早已请好村里的小伙子们来帮忙，并由一位经验丰富又年富力强的"总理"统筹安排，一应事务都无须家里人操心。在婚礼头天，"总理"就布置大伙搭"青棚"。青棚搭在院坝中，约十几平方米，用四根青松树做柱子，顶上再搭松枝柏叶，棚下摆长桌，桌上摆满了烟酒糖茶。年轻人还要在院坝中摆好桌椅和碗筷，厨房里也要忙活，准备"客席"，招待已经提前一天从远处赶来的亲朋好友们。晚饭后，主人家和管事"总理"召集早已安排的接亲队，交代大家。万事俱备，只等第二天去接亲了。忙累了一天的年轻人也可稍微放松放松，大家围着篝火跳起锅庄，老人们则在火塘边喝酒唱"哩哩"。

去接亲的路上，男方家的队伍按照一定的顺序行走，从前往后依次为：炮手2人，一路鸣放鞭炮；旗手2人，手掌红旗；唢呐手、锣手、长号手各2人，一路吹吹打打；司礼及其牵马手；顶马及其牵马手，顶马走在新郎前，驱赶路上可能碰到的妖魔鬼怪；新娘牵马手，此时牵的是空马；新郎及其牵马手；陪郎及其牵马手；喜郎及其牵马手；唱郎及其牵马手；"总理"及其牵马手；接新娘年轻姑娘2人。一行共27人。去时一般为单数，回时加上新娘、两位送亲大人及牵马手两人，成双数。

接到新娘后，返回的接亲队伍也要按照一定的顺序往回走，

接亲队伍 ▶

从前往后依次是：炮手2人，旗手2人，唢呐手2人，锣手2人（一人照顾驮马，一人打锣），长号手2人，新娘及其牵马手，接新娘年轻姑娘2人，新郎及其牵马手，陪郎及其牵马手，顶马及其牵马手，喜郎及其牵马手，司礼及其牵马手，女方送亲大人（姑妈、姨妈、舅妈或姐姐）及其牵马手，女方另一送亲大人（舅舅、叔伯或弟兄）及其牵马手，"总理"及其牵马手。总共32人。

新郎、新娘所骑马匹头上佩戴红绸，所有聘礼上都已贴上喜字，包括一口宰好的全猪，一只宰好的全羊，大米60斤，黄酒1坛，白酒1缸，女方家的家族每户一瓶认亲酒。女方的舅舅、姑妈、姨妈都送"亲戚礼"，包括火腿1只、黄酒1坛、白酒1坛、面条10把，还要给新娘送上双衣、领褂、黑帕。还有祭三脚的祭品：黄酒、烧酒各1瓶，另外还有被称为"冲井"祭品，包括猪腰骨两根（根数要双数）、肥肉1小块、大肠1截、香肠1圈、小个的油煎粑粑7片，一并装在贴有大红"囍"字篾盒"迪笆"里。这些礼品都由两匹披红挂彩的骡子驮运，跟在队伍后面。

因为诗比所择定的日子不仅是确定哪一天结婚，还要测定当天的什么时候接亲队伍到达新娘家，所以如果两家相距遥远，接亲队伍就得早早用完早饭，及早动身。接亲队伍出发前，司礼还要给新郎披红挂彩,并敬给新郎"上马酒",新郎接过第一杯酒,先敬天地,第二杯酒敬给所骑的马匹,第三杯才一饮而尽。如此过后,方鸣炮、奏乐,接亲队伍向新娘家出发。

一路上,接亲队伍要听从"总理"的指挥。若经过其他普米寨子,那么此寨里人们会带着烟酒茶糖在路口等候送行(回来时也一样),都有"总理"上前致谢。快到女方家村寨了,炮手会在垭口或较高处鸣放鞭炮,告知女方家接亲队伍快到了,开始准备迎接。

队伍一到门口,女方家鸣炮欢迎,并给新郎敬下马酒,新郎第一杯敬天,第二杯敬地,第三杯饮下,然后下马,迈进正门。驮礼物的马队已经从侧门先进去了,新郎的坐骑被拴在新娘坐骑一旁,由新娘亲自用三升青稞或麦粒喂饲。女方家院坝里同样安排了青棚,青棚下摆放一张方桌,桌子上面摆着烟酒糖茶,此外还有一碗辣子汤。除了喜郎和唱郎之外,其他所有接亲队伍下马后进青棚里归席,新郎、陪郎和顶马坐到正席上位。男方总理要把马匹安顿好后才入席。喜郎和唱郎进门后首先拜过"喜神",然后站在青棚外等候,与女方家的唱郎和喜郎对唱"开门调",双方一问一答:

问:一步?

答:一梅花;

问:二步?

答:二结果;

问:三步?

答:三结拜;

问:四步?

答:四季发财;

问:五步?

答:五子登科;

问:六步?

答:六位高升;

问:七步?

答:齐德胜;

问:八步?

青棚

第六章 用歌声装扮的婚礼 115

答：八梅花；

问：九步？

答：久久长；

问：十步？

答：状元及第；

问：一拜什么？

答：一拜为天；

问：二拜什么？

答：二拜为地；

问：三拜什么？

答：三拜为祖宗。

对唱完毕，女方家才把青棚门打开，唱郎、喜郎才可归席喝迎亲酒。在席面上，男方家"总理"将所带的聘礼交代给女方家。随后，双方唱郎、喜郎在青棚中唱"认亲调"，然后再到火塘下唱"中柱调"。大家围坐桌边，抽烟、喝酒、饮茶，吃核桃、瓜子及各种水果。

席间休息一阵儿后，女方把男方家"迪笆"中的祭品"冲井"拿出在锅里热过，各切取一小块放入碗中，共五碗，再加上黄酒一碗和烧酒一小杯，男方"总理"端来放在特别备下的竹篾桌上，准备祭三脚之用，其余的要放入迪笆中，待回到男方家后要用剩下的祭品在男方家中祭三脚，以示禀告各山神、列祖列宗，请求见证和保佑新人。双方两个"总理"分别用一杯黄酒、一杯白酒请出女方家聘请的祭师，男方"总理"亲自给祭师递上洗手水和崭新的毛巾。祭师洗完手后，即坐到火塘上，开始祭三脚，当祭到祖宗时，新郎、陪郎和顶马三人在火塘下方向家堂（祖宗）磕三个头。祭师继续祭三脚，与此同时唱郎和喜郎在中柱旁开始唱"珠珠调"。此时，男方的"总理"要用双杯去请父母双全、夫妻和睦的妇人，摆设梳妆台，帮新娘梳妆打扮。

院坝中，众宾客已经入席，把酒言欢。新郎与接亲大人向众宾客敬酒，谈笑风生，热闹非凡，喜气洋洋。

婚礼中的
青棚宴

离娘调

　　新娘梳妆打扮完毕,到火塘右边母亲下方,接受亲友的祝福和叮咛。新娘泪水涟涟地抽泣着,同母亲和家人难舍难分。这时,喜郎和唱郎要到火塘的左边开始唱离娘调,用充满热情的唱词为新娘向她家人和亲友告别。

　　唱完,媒人和喜郎请女方家的哥哥或弟弟将新娘背出去拜过喜神,然后扶上马。新郎重新披红挂彩,由众人簇拥着离开家院。

　　来到门外,新娘与新郎一起接受"总理"敬的"上马酒",然后一同上马。新娘家族都准备了送行酒前来送行,喝了送行酒,喜郎、唱郎要向送行者行礼道谢。这时,炮声阵阵、鼓乐喧天,新娘告别父母,随接亲队伍前往夫家。在途中,新娘不得下马,也不能回头看,意为此去永做夫妻,不要离异,不要走回头路。

　　快回到新郎家时,炮手鸣炮通告,让男方家做好接亲准备。男家也鼓乐齐奏、炮响连天。到了家门口,男方家要先给女方家送亲大人敬下马酒,司酒与敬酒者相互行礼,同样第一杯敬天,第二杯敬地,第三杯敬人,众人方才下马。然后进入青棚"龙通席"就座,女方家男送亲大人被恭请到上位。两位接亲姑娘牵着新娘的手进到火塘边见公婆,婆婆牵过新儿媳的手坐在婆婆身边。这时,唱郎在一旁唱起调子,将家里的人和事一一向新娘交代。唱毕,接亲队伍就算完成了任务。

◀ 婚礼宴席

　　男方家的喜宴正式开始，桌上摆了红肉（染红，菱形）、粉蒸、排骨、瘦肉、米肠、面肠、酥肉、豆腐"八大碗"大宴宾朋。席间，众宾朋大碗喝酒、大口吃肉，兴致来了就唱上一个调子，满桌欢声笑语。晚餐结束后，青棚里摆好了龙通席，席上摆烟酒糖茶，来宾在席上挂礼敬酒，称为"押棚"。过后，大家围坐篝火跳起欢乐的搓蹉，直至深夜，甚至通宵达旦。

　　第二天才是正席，继续聚宴。席间，送亲大人、亲客接受男方家族亲戚轮流敬酒。第三天，远客已陆续告辞，女方家送亲队伍也要告别了。院坝里摆上了"龙通席"，男方家亲戚客人、女方送亲大人、家族长辈都坐在龙通席上。送亲大人唱起"拜托调"，男方长辈当即答唱，相互以亲切的唱词，表示拜托、感激、理解、信任之情。最后，新郎捧出礼品，向送亲大人、亲戚客人、前来送行者和至亲长辈一一奉送。

　　当天，新郎同新娘和送亲大人一起"回门"，在娘家短住几日后再返回婆家。至此，整个的婚姻缔结就已完成。一对年轻人组建了新的家庭，他们将承担起新的家庭责任和社会责任，孝敬父母、哺育后代。两个家族也建立了新的社会关系，在日常生活中会经常走动往来，在婚嫁节庆时也是对方家里的座上宾，而当哪一家遇上了难关，对方也会守望相助。这也许就是普米族传统婚姻的社会意义了。

第七章
离世是回到祖先的身边

在老人病中,家人要给予无微不至的照顾和陪伴。在亲人的怀抱中离去,是老人的心愿,也是子女的福分。普米族葬礼中最令人震撼的是"冗肯"(给羊子)仪式,在祭师念诵"指路经"之后,逝者的亡灵将在一只白绵羊的引领下回到祖先的生息故地。葬礼过程体现出普米人对故土的怀恋,同时也不断强化着普米人孝老爱亲的传统,是普米族传统文化最为集中的展现。但让人忧伤的是,作为普米文化的集大成者,祭师"诗比"也在慢慢老去。

普米族村寨——兰坪白族普米族自治县河西乡箐口村全景

在大多数民族中,葬礼都是极为隆重的,除了亲朋聚集以凭悼亡者、慰藉家人之外,葬礼通常都会有一系列的仪式和规程,是民族文化最为集中的展现,因为葬礼不仅仅是与逝者最后的告别,同时体现出这个民族对生与死的看法。此外,某一社会中对老人的赡养与送终,也在一定程度上体现出该民族的伦理观念,因此葬礼也具有一种社会教化的作用。

在亲人的怀中离去

当儿子们都已纷纷成家立业之后,父母一般会为他们在大家庭之外另建一所房子,并准备好一套生活用具和生产工具,分给他们田地和牛羊,让他们另立家庭,也就是"分家"。父母将儿子们一个个分出去,只留下最小的儿子在身边,照顾老人的饮食起居,承担更多赡养老人的责任。但这并不意味着分出去的儿子们就不照顾老人了,他们同样时时处处都会惦记着父母,恪尽孝道。

对于普米族人来说,勤劳是他们推崇的美德,即使是富足的

家庭，也不允许有人终日无所事事、悠悠浪荡。

在普米族村寨中，我们经常看到那些年迈的老人要么看护儿孙，要么打理家院，甚至上山放牧，下田种地，他们总是闲不下来。也或许是这一原因吧，村寨中基本上看不到肥胖超重的老人，城里人常见的一些所谓"现代病"在他们身上甚少出现。但年轻时过于艰辛的劳作，也会给他们的晚年带来各种病痛，如关节炎、腰椎间盘突出、骨质增生等。每当生病，在传统社会中，普米人通常会采取这么几种处理的办法，一般的小病小痛，他们一般不当回事，扛一扛也就过去了，如果实在难以忍受了，他们有祖辈传承下来的丰富的草药知识，上山采一些回来，自己加工调制，一般的常见病也多能处理，对于一些较为复杂的病症，现在也会到城里求医问药。

对于一个普米族老人来说，如果他的病让城里的医生也束手无策了，他们都不愿继续在医院里耗下去，多会选择回到村里自己的家中，或许会请诗比举行几场普米族的传统仪式，剩下的时间，他们都会在亲人的陪伴中度过。

2009年4月，玉狮场村87岁的杨添元老人突然重病在床，多次出现病危状况。因为当时村里的道路尚未修通，老人也经不起

普米族丧事
"给羊子"

人背马驮，家里人从乡上医院开来了一些注射液，由村中粗通此道的人帮忙注射。同时，按照老人的意愿，家里祭了龙潭、山神、本主，也举行了"退口舌"仪式，但病情并未有多少好转，只能整日卧榻不起。

老人躺在火塘边的床上，儿子、侄子、孙子轮流陪着睡在边上，随时照应，老人要喝水吃饭，孩子们就一口一口地喂到老人嘴里，并不断擦拭老人口边的口涎；老人要解手，孩子们就把他背到厕所，解完再背回来；老人在床上躺久了，孩子们就帮老人随时翻身，如果老人想坐起来，孩子们就坐到他身后，让老人靠在自己怀里。如果老人在儿孙怀里断气，这对老人来说是最幸福的，对儿孙来说也是最幸运的。据说老人去世的时候能够"接气"，如果吸入老人的最后一口气，会是儿孙的一种福分。

老人卧床期间，村里的亲朋好友不断前来探视。四五月间正值农忙，地里正抓住时令种苞谷，年轻人仍不顾劳累，自觉排班，轮流值夜看护。村里的老人总得抽时间来看看，陪着在火塘边上坐坐，有时会在老人边上安慰劝解，更多时候即使只是默默地待着，却总能让人感受到一种浓浓的情谊。如果有孩子在外地工作，这时也会赶回家中，陪在老人身边。如果病人是妇女，病情危重时还要通知其娘家亲人，对方得知病情后会立即派人前来探望和守护。

火塘外面的正房中，棺木已经准备好了，一个老师傅在棺木前盖上画"寿"字，男性画圆形寿字，女性则要画方形。一切都显得宁静而自然，并没有通常情况下在病人周边挥之不去的哀伤和压抑。普米人认为亲人离世，只是回到民族的发祥地、回到祖先身边，这种信念让他们能够以一种坦然的心态面对死亡。

所幸的是，杨添元老人最终渡过了这一关，直到2014年7月间，我们再次来到玉狮场村时，老人再度卧床不起，同样得到儿孙们无微不至的照顾，老人的状态不是很好，口齿已经不清，但在我们与村里的老人一起去看望他时，他还是坚持坐了起来，并让旁边的小伙子给他倒上了一小杯白酒。

当老人已病入膏肓，家人就得开始准备后事了。老人健在的时候也特别关心自己的身后事，通常会早早就把寿衣和棺材备下，寿衣一般为绸缎面料，男为瓜皮帽和长袍马褂，女则为长头帕和长衣领褂。老人病情危重时，家人就将其翻找出来，准备不时之需。此外，家里的肥猪得留下一头，如果家中没有，就要买一头回来。

尤其重要的是两只绵羊，一只在"猪羊大祭"时祭全羊用，另一只则在葬礼中"给羊子"时用，这两只绵羊必须是白色羊毛，不能有一点杂色，如果亡者是男的就用公绵羊，如果是女的则用母绵羊。这两只绵羊最好是由儿孙亲自喂养的，这对于偏好畜牧的普米族村民来说不是难事，如果是住在城里没有条件放牧

◀ 普米族传统建筑——木楞房

第七章 离世是回到祖先的身边 125

的普米人，就只能买一只回来，但最好也要亲自喂养一段时间。

此外，万万不能忽略的是，在老人卧床期间，家人要缝一个小布袋挂在老人床边的墙上，里面装入一点银屑（"银气"）、几片茶叶、几粒米，称为"含口"，在老人断气之时放入其口中。在老人断气时，一定要有家人陪在身边，不仅仅是给老人和自己的一种安慰，也需要准确记下断气的确切时辰，便于祭师择定发丧的吉日良辰。

2014年8月间，杨添元老人还是没能迈过这一坎儿，最终还是"走了"，享年94岁。老人一咽气，儿孙就抱着遗体，把"含口"放入老人口中，让其"得气"，在阴间有吃有喝有钱花，再给老人合上眼皮，闭拢嘴唇，家人这才放声痛哭。与此同时，还要有人迅速上楼，把火塘屋顶的房头板掀去一块，让天光从缺口处透下，也让老人的灵魂从这里飞升。

随后，家人把一把小麦从屋里朝天空撒上去，表示向神灵和祖宗报丧，口中念着："天上的神会保佑您，天上的祖宗神会来接您，您大胆地去，放心地走吧！"然后将亡者平躺在床上，双手交叉于腹部，男左手在上，女右手在上，床边放一张篾桌，上面摆好酒、茶、香、灯，以及"倒头饭"，也就是一碗米饭，上面放一块连着皮的肥肉，并直插一双筷子，这被称为"停床"。

有人去到院子外面，吹响牛角号，鸣放鞭炮，听到号角和炮声，村民们纷纷放下手中的事，来到亡者家中，帮忙打理，抚慰家人。在诗比择定吉日之后，就派人通知远处的亲戚，在现代通信工具逐渐普及之后，有些较远的亲戚就用电话通报，不必派人前往。通报时不用"死"这一字眼，只能说老人已经"回家了"或"走了"。亲戚家就开始准备参加葬礼时需要带去的物品，如黄酒、猪肉、米面等。

亡灵最后的停留

死者还在家中停灵期间，主人家和族人就要开始商量办理后事了，如果死者是嫁过来的妇女，还得邀请女方家属即"后家"参与商讨，共同处理。这是死者在家中最后的停留，而家人和族

▲

葬礼中的灵堂

人们则还要忍住悲痛准备葬礼，等待最后告别的时刻到来。

最为关键的是请诗比择日子，也就是选定一个与家人和族人都不"相冲"的日子，最好是属虎的一天。

寿衣和棺材是早已准备好了的，现在就要找出来，给死者梳洗之后穿戴整齐。梳洗时须先由族内一名长者含一口酒，喷于死者身上，以示洁净。把用死者咽气时从房顶上揭下的房头板劈成柴火，放入火塘中点燃，烧火煮水。壶中的水量有一定的讲究，男的用九碗，女的用七碗。水烧好后，由族人或亲戚为其洗净。然后再穿戴寿服。男有男装，女有女装，脚穿袜、鞋。鞋和袜放在门槛上用木工凿子凿洞眼，按男左女右之别，男左一右二，女则右一左二。其意为死者归宗途中经过沙漠时漏掉沙子，以防鞋内积沙。之后，在死者原来的床上搭个高床，称为"太平床"，放好枕头，将穿戴好寿服的死者平躺在上面，盖好被子，停放七八分钟，然后给死者祭上最后一餐生死永别的送别饭。接下来要在寿服上打记号，让死者记住自己的衣物，死者若是男性则由族内长者、若是女性则由后家长者来打，用点燃的一炷香在寿服的帽、衣、鞋、袜、袄及盖的、垫的被褥上各烙一个香火洞，男的烙左边、女的烙右边。同时，把死者口中的含口袋取出，钉在床上，男的钉在床左边，女的则钉在右边。

将死者安顿妥当之后就要开始设灵堂了，灵堂一般设在正屋中，面向院坝。正屋中横放两条高长凳，将棺材大头朝外置于长凳上，棺盖暂时还不盖上。死者的衣物都已打上记号之后，就用长条形白色羊毛毡将其从头到脚裹住，男性由左向右裹，女性则由右向左裹。裹好布条后，再用一根接长的麻皮条缚上，麻皮条中部放在死者后颈下，再将两头由双肩绾出至胸前交叉，再转向背部交叉。如此前后交叉捆紧，男的捆九道，女的捆七道，至脚腕部打结系紧。

根据诗比的择算，入殓的时刻到了。一时间，大门外鸣枪放炮，堂院内要鼓乐齐奏，族中孝男孝女放声痛哭。族人将死者的遗体头朝外仰面放入棺材内，有长者把死者身上扎紧的麻皮绳剪开拉出来，依男左女右之规，放在死者身边。让痛哭的亲人再最后看上一眼后，就由打记号的家族长者盖上棺盖。盖好后，棺头放在一张八仙桌上，棺尾仍放在高长凳上。八仙桌脚还要拴一只公鸡，称守财公鸡。棺头桌子中间位置摆放灵牌，前面摆好香架，供上三炷清香，香架前点上香油长明灯，香架两边放两个花瓶，插上白花，花瓶前再摆上酒、茶各一杯，倒头饭一碗，果品一碟。供品要时常更换，灵台下八仙桌脚边已放好一个宽口的土罐，更换祭品时，把旧的酒、茶、香棍等倒进罐里。

除了供品之外，还要给即将"上路"的亡灵准备干粮。先用三升小麦炒成爆花，再用手磨推成面，推磨时先倒推（顺时针）三圈才能顺推（逆时针）。炒面磨好后装入一个专门缝制的口袋里，再放一块肥油，用羊毛记上，这便是死者的干粮了。

孝子在开始守孝前，要理光头发，刮净胡子，孝女则要将头发梳起，扎成辫子。在此后的一百天服丧期内不能再理发和梳头，并忌吃葱、姜、蒜、辣等食品。此外，孝男还要戴白布缝成的孝帽，孝子帽顶有四角，孝孙帽顶缩成层。孝女则用白布裹于头上，作为孝帕。在葬礼当天还要给来客发孝布，孝布约一尺宽，长短不一，长者可达五尺，来客可以将孝布缠在头上，也可绾在胳膊上。之后，孝男孝女以男左女右之规跪于灵堂两侧，开始守灵，至诗比择算的出殡之日，守灵时间从一天至数月不等。

在羊子的引领下

在出殡之日前一天，要举行普米族葬礼过程中最为隆重的"给羊子"（普米语称"冗肯"）仪式，也就是祭给亡灵一只白色的绵羊，让其为亡灵引路，回归祖先的发祥地。

在出殡日的前一天，远处的亲戚已纷纷来到亡者家中。到了门口，即有锣号响起，主人便出门相迎，将客人引至灵前。客人焚香献祭，孝男孝女则叩头谢礼。随后，客人会奉上祭礼，有粮米茶盐，或黄酒猪肉，现在为简便起见，也有人直接挂现金，少则几十，多则数百，不一而足，视客人的经济能力和与主家的关系亲疏而定。不论祭礼为何物，主人家都会派专人一一登记在册。

晚饭过后，夜幕降临。隆重的给羊子仪式即将开始。诗比担任主祭师，并由五人、七人或九人担任其助手，须为单数，且其中一个助手的属相必须与死者属相相冲。诗比和他的助手们已经准备好了祭具。从山中砍来三根五尺长的青竹，第一根两端削尖，做成长矛；第二根劈成两半，一半挽成弓，另一半削成三支一尺多长的竹筒；第三根划成五瓣至竹子中部，诗比用它来拍打棺盖，让死者醒来听祭词，看祭品；第四根削成三尺长的细篾丝，用来穿祭肉。在灵堂前已经设好一口铁锅，里面放着青松

◀ 葬礼中祭司"给羊子"

毛、香柏枝、杜鹃枝等。将铁锅中的枝叶点燃，飘荡起带有香味的青烟，祭师班带上祭具，牵上祭羊，逐一从烟火上跨过，进行熏浴，以示洁净和庄严。

随后，祭师班坐到棺材一侧，死者是男性则坐在棺材左侧，死者是女性则坐在棺材右侧。待门外鸣放鞭炮，院内鼓乐齐鸣，祭师先用划成五瓣的竹竿拍击棺盖三下，"唤醒"亡灵，即开始吟诵祭词，众助手则在一旁唱和、帮腔。用祭词给死者一一交代所备的祭具和食品。

随后要举行"猪羊大祭"发白仪式，也就是供祭宰好的全猪、全羊。"总理"喊礼，孝男孝女依"总理"呼号，跪拜祭礼。完毕，孝子执杖答礼，先答谢"总理"，二答谢祭师，三答谢一众帮忙人等。

> **知识链接** **发白仪式喊礼** 猪羊大祭发白礼仪开始，孝子孝女执杖灵前就位，男前女后排好，整理衣服，理事者各执其事，鸣炮，内外肃静，尊献者整理灯香，发号三声，鸣锣三响，发鼓三通，鼓毕奏乐，细乐三奏，诣奥洗所，兹为新故亡人（氏族姓）公（母）讳×××，享阳××，灵前孝子孝女跪，一奠香，二奠香，三奠香。一奠茶酒，二奠茶酒，三奠茶酒。茶酒奠毕。孝子孝女一叩首，再叩首，三叩首，起立。发白果品供礼，孝子跪，一奠果品，二奠果品，三奠果品，引升二炮，细乐齐奏，果品供礼发白已毕，孝子叩首，再叩首，六叩首，起立。猪羊大祭孝子跪，一奠猪羊，二奠猪羊，三奠猪羊。猪羊大祭奠毕，孝子九叩首，起立。

葬礼中洁净羊

猪羊大祭发白仪式结束后，祭师班开始对羊子吟诵指路经，交代一应事项。包括提醒亡灵，要把亲人所送的礼物好好带走，不要遗漏。其中最为重要的是，叮嘱亡灵记住归宗的路线，先到哪里，再到哪里，在路上碰到高山、大河、沙漠应该如何过去，碰到妖魔鬼怪应该如何对付。此外还要拜托亡灵保佑家人和众亲戚，让家族得以兴旺发达。

各地普米族亡灵的归宗路线略有不同，大致都沿着民间记忆里祖先迁徙的路线往回走，譬如兰坪县箐口村的线路大致是从家里出发—罗古箐村子下面的大石头—拉巴山—石鼓箐—石鼓金沙江对面的山梁—永宁与拉伯间的山—永宁—木里—江湖—沙漠—草原，最后再到各氏族始祖居住的村子。

箐口村的杨文铎老人为我们整理了当地普米人的指路经，共三十六节，这里摘引其中第一节和最后一节，以飨读者。

哄～哄～哄～
几千年来的这一年，
几千月来的这一月，
几千天中的这一天，
几千夜里的这一夜，
已从葬礼中算出，
已从《东巴经》中查出。
这是您告别亲人的时刻，
这是您生死交接的时刻。
您就要离开人间了，
您就要离别亲人了，
星宿不动了，
月亮不明了，
草木枯黄了，
庄稼霜打了，
您哟，生是这一刻，
您哟，死是这一刻。
喊您三次您没应声，
叫您三次您没有转身，
不知您问些什么？

原来哟，
生和死的日子就选在这天，
您选择的是死。
人世间的阳和阴，
您选择的是阴。
水和火您过到了火，
沟和梁您过到了梁。
您想说的不能说了，
您想喊的不能喊了。
您可要离开亲人了，
您可要成为祖先了。
白色的路是阴间的路，
绿色的路是牧场的路。
阴阳岔路口，
祖宗等候您。
牧场山垭口，
山神护送您。
归宗的路哟，
在太阳升起的地方。
回头的路哟，
在太阳落山的地方。
家族的亲属，
厩里的牲畜，
地里的庄稼，
都为您送行。
朝着太阳升起的地方，
朝着月亮升起的地方，
朝着白云聚集的地方，
朝着祖先繁衍的地方，
大胆走吧，
放心地去吧。
您要坐在爷奶怀里，
您哟活在爹妈的身边。

阴间的鬼神呵，
善恶难分。
属虎的祭师告诫您呵——
善心恶意要分清。
……
您哟已命归黄泉，
子孙不会把您忘怀。
您哟已魂飞天外，
生前之情世代相传。
山神送您到白色的大路上，
祖宗接您到安乐的阴间里，
在阳间您是长辈，
在阴间您是下辈。
不够吃的回家取，
不够喝的回家拿。
逢年过节，
别忘了回家团聚，
逢凶遇难，
别忘了求神保佑。
您要的东西我们送，
带不着的我们补送。
"买应者客"带不着，
"买应笃爸"带不着，
都会补送给您。
看不见的事不能讲，
听不见的话不能说。
祝愿天下的人们哟，
像星宿一样常聚不散，
祝愿亲戚朋友哟，
像鱼水一样和睦相处。
要祝愿人寿年丰六畜兴旺，
要祝愿盛世太平福如海，
您听到嘱托了吗？

吗哩哩哩呗呗哄，
吗哩哩呗呗哄。

◀ 葬礼中亲人喂羊

指路经内容丰富，冗长，通常需要一天一夜才能结束。祭师班吟诵指路经之后，灵前的羊子已被视为亡灵的化身。祭师班助手在灵堂前把羊牵好，众亲属按亲疏远近的顺序，由孝子、孝女、女婿、儿媳及族内亲人轮流给其喂食。所喂食物有青菜、黄酒、酥油、糖果、糕点、炒面、米饭、果品等，装成四盘，放在托盘中。这头绵羊作为死者的化身代替死者接受献祭，喂食者用死者生前的称谓称呼羊，叫羊"爸"（爸爸）或"妈"（妈妈），"卜卜"（爷爷）或"迪迪"（奶奶），"阿崩答"（伯父）或"阿蓑答"（伯母）等，并向羊哭诉自己的悲痛和难舍。其情其景，让旁观者也不禁心生哀痛。在喂羊时，羊有时会吃某人的喂食，有时又不吃某人的喂食，若羊吃了，则表示死者对喂食者甚为满意，众人也会认为其人在死者生前已经尽孝，若羊不愿吃，则代表死者对喂食者不满，众人也会认为其人在死者生前不孝。这种观念往往能促使儿女用心侍奉赡养父母，对于维护和传承普米族社会中孝老爱亲的传统具有一定的积极意义。

有的人家家族庞大，亲属较多，喂羊的过程要持续较长时间。待众亲属都已喂食完毕，羊当即被牵到门外，在经过一番祭祀之后，将羊宰杀，并迅速破肚开膛，将羊心取出交给祭师置于棺材之前的供桌之上，观察羊心的跳动，若羊心跳动有力，次数不少于十三次，则认为大吉大利。随后，将羊剥皮，并从羊的各个部位割下一点肉，共十三点，用篾丝串成一串，作祭灵之用。再割下一只羊腿与羊皮送给祭师作为回报。其余羊肉、羊杂等全部烹煮成一锅，待羊肉熟后，取羊膀肉及其他部位各一点肉，分成两份，送给祭师和助手，羊膀骨交给祭师。剩下的由死者家族以外的来客分食，家族内的孝子、孝女、亲戚和族人都不能吃这头羊的肉。

给羊子的仪式结束后，祭师还要亲戚、族人、乡邻所送的祭礼逐一献祭，向亡灵一一交代。待一切结束，往往已是凌晨时分。众人稍事休息，就要准备出殡了。

终将踏上归途

在村寨背后的山林里，每一个普米族家族都有自己的墓地。一般而言，祖坟的排列是先辈和上辈在上，晚辈和下辈在下，男在左，女在右。在发丧日之前，家人已经请先生查勘过，根据新亡者的情况选定了墓地，并将一应材料准备妥当。到了发丧之日，根据先生测算的破土时刻，就要派人挖好坟坑。

出殡前，祭师还要主持一次祭三脚仪式，孝男孝女在灵前跪伏哀哭。灵堂里的棺木被抬到院里，放在两条高板凳上，棺头前放张桌子，把原来的祭品等按灵堂的位置摆好，开始钉棺盖仪式。众长者要在院坝中龙通席上唱起丧调，为亡灵送行。死者是男则请族内长者钉棺盖，死者是女则请后家长者钉棺盖。同时祭师班也开始送死者，用竹弓射箭，破五方，治邪魔妖怪，祈求神灵、历代祖宗接新故之人回阴间安息。之后即开始发丧。

送亡队伍中有一匹专为亡灵准备的坐骑，配有马鞍，与送亡队伍一起朝坟山行进。老人说，亡灵会骑在马背上，有时候马会累得浑身出汗。送亡队伍到了半路要举行路祭，进行"隔魂"，以免那个亡灵把送亡者的灵魂带走。路祭后所有女人和小孩就不能再往前上坟山，要转头回家了。

到坟地时，把死者的骑马在坟坑周围由左向右（逆时针）转三圈，然后解除鞍鞯，把马放走。守棺公鸡送到后土神位，点上三炷香，摆放酒、茶和果品进行祭祀，祭完杀鸡，将全鸡烹煮熟，再祭后土神位。

下葬成坟后，将整鸡与酒、茶及其他祭品一同摆在坟前供上。祭师将给羊子时用过的弓箭、竹矛、竹签等插到坟前，送给死者的那袋炒面、十三点羊肉、倒头饭、引路帆都要放在坟尾祭师熏浴洁净过的石片上，烧给死者。之后，送亡孝子和祭师班就在坟前磕头，与死者告别。

在返回途中，路祭地点已燃起杜鹃枝叶，送亡者一一从熏烟上跨过，以示洁净。同时，祭师念道：

洁要归洁，脏要归脏；水中不能烧火，火中不能泼水；人群里不能有鬼，鬼群里不能混人；羊奶不会变熏，锅烟不会变白；麦面不会变黄，枯叶不会变青；自古以来，忌讳冲犯。送灵的人回家是平安吉利，送葬的人们，要清洁平安，要祝愿家族、亲戚、乡邻，祝愿人寿年丰、六畜兴旺，祝愿万世太平福如海。

葬礼仪式结束。第三天，主人家置下送客酒，送远亲离去。孝子要向祭师叩头感谢，同时奉上谢礼，除了钱之外，还包括给羊子时所用羊的羊皮和一只后腿、羊膀肉及其他部位的肉各一点，火腿一只，白酒一瓶，黄酒一坛，面条十把，这些赠礼均由主人家用骡马送到祭师家。

在死者亡故的第九十九天，家人要在夜里祭一次三脚，第一百天时举行百日除孝祭奠，全体孝男孝女、家族至亲等分别带上供品，到坟前祭奠。在祭师的主持下，各人将孝帽、孝布脱下，并剪去一角，在坟前焚化。除孝后，各项悼亡禁忌同时解除。待到来年的吾昔、清明和中元，家人还要举行隆重的祭奠。

普米族黄酒——"酪"

据老人说，死者去世后有三个灵魂，一个回到祖先的发祥地与先人团聚，一个留在坟山上守护村庄，一个则驻留在火塘上的三脚架上陪伴着家人。

诗比也将老去

在葬礼仪式过程中，普米族传统文化的精髓得到了集中展演，隐含着普米族的宇宙观和生死观，体现出普米族的孝道文化和深层的社会结构。无疑，普米族社会中的宗教职业者——诗比，可谓普米族传统文化的集大成者。

然而，即使是在葬礼和各种祭祀中沟通人与神灵和祖先的诗比，也无法违背自然规律，也必将"老去"。随着老诗比的不断去世，真正能够主持各种仪式、吟诵指路经的诗比也越来越少。一些普米族中的精英意识到了这一危机，他们在尽自己最大的努力，去保护、传承、传播普米族优秀的民族传统文化。

2005年，在兰坪县通甸乡罗古箐村，"普米族传统民俗祭师传习班"开班。培训班由云南金鼎锌业公司出资赞助，普米族民间艺人和球双老先生主持讲授，时间40天，主要学习内容包括"给羊子""祭三脚""祭龙潭"等传统仪式。培训方式遵循普米

◀ 普米族诗比
杨国栋

族"口耳相传"的习惯，先是和球双老艺人口述祭祀程序和祭文内容，学员们做笔记，然后和球双唱完一整段，给学员解释所唱的内容，最后和球双唱一句，学员跟着学一句，直至把所有祭祀仪式中的祭文都学会。这个过程中，学员不能死记硬背，要边记边理解，而且要学会在祭祀的时候怎样操控整个场面、控制好祭祀节奏和进程。和国芳说，40天下来，他和同学们都大有收获，对"给羊子"、祭龙潭、祭三脚等传统仪式都有了比较系统的了解和认识。

青年诗比和国芳

培训结束后，所有参加这次培训的学员都获得了由文化部文化艺术人才中心考评展演部颁发的"普米族传统民俗祭师"结业证书，他们是第一批拥有正式证书的普米族祭师。

这次培训班的讲师和球双现年58岁，通甸镇德胜村小麦界场人，父亲今年80多岁，是一位远近闻名的普米族老艺人，和球双在祭祀仪式方面的知识即为其父亲自传授。参加祭师传习班培训的学员包括和国芳在内总共有18位，年龄最小的28岁，最大的已经60多岁。他们分别来自兰坪县的河西、拉井、通甸三个乡镇的普米族村寨。

2013年至2015年间，有感于诗比不断老去，普米族传统的祭祀文化濒于失传的危险，兰坪普米族研究会拍摄中国首部普米语电影《归途》。该片以普米传统文化的传承者诗比作为主角，围绕着诗比所主持的在普米文化中具有代表意义的"戎肯"（给羊子）祭祀活动以及此角色的社会行为展开，将普米历史、文化、宗教、民俗以及在当下普米这个民族的生存状态融为一体，突出孝道文化，在批判和反省的同时进行思考，在保护和传承的同时进行创新，片子中出现的各种人物以及他们的活动，是当下普米

电影《最后的戎肯》又名《归途》开机仪式

社会的缩影，矛盾和无奈并存，老一代和新一代之间的较量，传统文化和外来文化之间的较量，思想和金钱的较量，这些诸多的角逐构成了今天普米社会的全部。导演和主创人员希望这部片子能够唤醒和启发更多的普米人关心自己的文化，培养年轻人对民族传统文化的文化自信。

第八章
口耳相传的
民族记忆

　　普米族在长期的民族迁徙和生产生活过程中创造了丰富多彩的民间文学,但由于没有自己的文字,众多的歌谣、神话、传说、故事等都以口耳相传的形式代代相传。普米族民间文学是普米人的历史记忆和现实生活的再现,是对民族传统习俗、生存环境、生活智慧、民族关系等内容的深层诠释,也在一定程度上体现出强烈的民族自豪感。本章特选择三则箐花普米族地区广泛流传的民间故事略作探讨。

《原始艺术》书影

我们在普米族社会中并没有发现太多的装饰艺术，如雕刻、绘画、编织等，但普米族人却拥有丰富的文学艺术。对于其中原因，美国人类学家弗朗兹·博厄斯在其《原始艺术》一书中有极为精辟的分析，他认为装饰艺术的创作需要安静和时间，以及安定的居住条件，需要使用工具，而且要经过长时间的制作才能完成。此外，装饰艺术还应有允许创作者由于某种原因而暂时放下手中的作品，以后又能继续创作的条件，而这种工作对于以狩猎为生的部落是不适宜的。此外，狩猎民族的宿营点经常要迁徙，故很难搬运笨重的、尚未完成的艺术品。但文学和音乐的发展条件则有所不同。猎人并不总是拼命地暗地跟踪猎物，而往往使用陷阱、陷钩，或长时间地静候猎物的出现。他们必须静下来不做任何事情，这时的想象力即可纵横驰骋，许多诗歌就是这样形成的。这一观点极有道理。对于普米族来说，他们长期从事游牧狩猎的生活，常"逐水草而居"，且其长期的民族迁徙历史，也不利于他们发展起足够精致的装饰艺术，但却有足够的才华和充分的客观条件让他们创作出优秀的民族民间文学，如歌谣、神话、传说、故事等，包括了开天辟地神话、人类起源神话、英雄传说、爱情传说、人物故事等丰富多彩的内容。

台湾学者李亦园认为，世界上很多民族没有自己的文字，所以他们没有书写的文学，但是世界上没有哪一个民族是缺少口语文学的。书写的文学作品大致都是一个作者的作品，而口语文学作品则经常是集体的创作。书写文学已经印刷出版，就完全定型而不能有所变化了，换而言之，口头文学是一种活的传统，是多种形式的存在。此外，书写的文学是属于知识阶层的人所有，而口语文学则不论识字或不识字的人都可以接触到它。普米族没有自己的文字，在长期的历史发展过程中，他们或借用藏文，或借用汉文，或借用彝文，以书写历史、传承知识、传播信息，但这些文字大多不被一般的普米族民众所掌握，他们所创作的口头文学大多只能以口耳相传的方式来传播。在传播的过程中，民间文学得到不断地丰富、更新和创造，也有些遗失在历史的长河中。

随着国家对少数民族非物质文化遗产的重视和保护力度的不断加大，在各级民族事务部门和文化部门的大力推动和少数民族知识分子的积极参与下，文化工作者主要通过对宁蒗县和兰坪县民间流传的普米族民间故事的搜集整理，于1990年在中国民间文艺出版社出版了《普米族故事集成》一书，包括"神话故事""风物风俗故事""英雄传奇""生活故事""笑话""动植物故事"等内容，为我们呈现了丰富多彩的普米族民间文学，为普米族文化的传承和传播做出了重要的贡献。当然，这些故事一旦被出版了，就意味着其被永远固化了，远没有在普米族不同区域、不同村寨中流传过程中所呈现出来的丰富多彩。就我们的调查发现而言，一些民间传说就与书中的讲述有较大差别。当然，这是一种正常的现象，并不能因此而抹杀当年故事讲述者、记录者、出版者的功劳。本书在此无意将已经出版的故事再复述一遍，也无意去放大其中的差别，只是从老人给我们的讲述中挑出几个故事，并对其中可能蕴涵的意味进行一定的探讨。

《普米族故事集成》书影

人类起源：日月兄妹

这个故事在《普米族故事集成》中并没有记载，在其他典籍或研究著述中也甚少看到，我们在调查过程中，兰坪白族普米族自治县箐口村的杨文铎老人给我们讲述了这个故事，这是箐花普米族在古歌"哩哩"中吟唱的，关于兄妹成婚、繁衍人类的民间传说。

在远古时候，天上没有太阳，人世间也遭受了巨大的灾难，只有两兄妹劫后余生，幸存下来，相依为命，生活非常艰苦。天上神仙看到了，非常同情两兄妹，也为人类的存续心怀忧愁。于是来到人间找到两兄妹，希望俩人结成夫妻，生儿育女。两兄妹虽然感情深厚，但毕竟是兄妹之情，而非夫妻之爱，况且兄妹之间怎能成婚呢，这不是违背了人伦吗？两兄妹不愿意听信神仙的话，认为这是不可能的事。神仙为了消除两兄妹的顾虑，让俩人

第八章　口耳相传的民族记忆　143

▲
大古梅金
银桂花树

相信这是神的旨意,是命中注定的。于是就跟两兄妹打赌,如果两扇磨盘从两座高山上同时滚下来,最后能严丝合缝地合拢在一起,那么他们就成婚,如果两扇磨盘各分东西,那么他们就依然以兄妹相待。两兄妹同意了神仙的意见,哥哥将一扇磨盘背到一座山的山顶,妹妹则将另一扇磨盘背到另外一座山的山顶,在约好的时间,同时从山顶将磨盘沿着山坡滚下来,在一阵轰隆隆的巨响之后,两扇磨盘滚到山脚,不偏不倚、不高不低、不前不后,严严实实地合在了一起。看到这种情况,两兄妹只好听从了神仙的建议,并在神仙的主持下结为夫妻。于是,人类又得以重新繁衍,从此生生不息。为了给自己的后代留下光明,两兄妹请求神仙将他们变成太阳和月亮,神仙同意了,即刻把哥哥变成了太阳,妹妹变成了月亮,从此人世间不论昼夜都有了光明。

普米语中"卜里木论"(意即"太阳月亮,哥哥妹妹")之说,即源自这个动人的神话传说。

在世界众多民族的神话传说中,大多有关于人类起源的故事。人类在长期的历史发展过程中,不断探索世间万物的由来,而关于人类自己的由来也引起了人类不同群体的共同兴趣。除了

◀ 祭祖节

华夏文化中广泛流传的伏羲、女娲两兄妹成婚以繁衍人类的神话传说之外，兄妹成婚的故事普遍流传世界各地众多族群之中。普米族的"太阳、月亮两兄妹"的故事属于其中"人类再生始祖"信仰的类型。在这一类型的神话中，最关键的问题是如何突破兄妹成婚的伦理禁忌，而神的意旨则是其得以合理化的根据，凸显出远古民族生活中宗教信仰所占有的支配性地位，两兄妹遵神的意旨而成婚，因而也获得了一种神性，两人最后化身为太阳和月亮，则是这种神性的最后升华。在这一故事中，还包括磨盘、高山等独特的因素，这与普米族的生存环境、生计方式有着密切的关系，而两扇磨盘从高山上滚落之后能够合在一起，则更具有象征性的意味。

此外，有的研究者认为，兄妹成婚是以神的名义对乱伦禁忌的突破，而在笔者看来，这恰恰是对乱伦禁忌的强化。因为对于兄妹成婚的实现，必须具备严苛的条件，如世间遭受灾难、人类面临灭绝、神迹的显现等，这些状况在人类的历史进程中是极为罕见，甚至是不可能出现的，因而兄妹成婚也就没有实现的可能。在普米族社会制度中严格实行氏族外婚制就是明证，同一氏族的成员，不管其渊源多久、相距多远，都被严格禁止"开亲"。从这一角度而言，兄妹婚神话除了解释人类文明的再生之外，也有强化社会伦理规范的现实意义。

第八章 口耳相传的民族记忆 145

祖先崇拜:"给羊子"的来历

前文所述,在普米族人去世后,家人都要给其献祭一头绵羊,让其引领着亡灵回到祖先的发祥地。而关于给羊子的来历,在兰坪普米族地区流传着这样一个故事。

传说,在古时候,普米族有两兄弟前往西方取经。回来时,两兄弟经过一个大山谷,山谷里生长着茂密的竹林,竹子比水桶还要粗。白天,在太阳的暴晒下,竹子会裂开巨大的口子,到了晚上天气变凉了,竹子又会随着夕阳西下而慢慢合拢。由于天色已晚,两兄弟决定在山谷里过夜。但山谷里蚊虫肆虐,"蚊子比斑鸠大",一到晚上就在竹林里横冲直撞,袭击人和动物,无处可躲。太阳慢慢下山了,竹子上裂开的巨缝开

大羊场风光
▼

始合拢,弟弟一看,灵机一动,钻进了竹子中,又喊哥哥一起钻进去躲避蚊子。哥哥也觉得这是一个好主意,但又想看护好千辛万苦取回来的经书,也可以在外面保护弟弟,便决意不肯躲到竹子中去,对弟弟说:"我有宝剑和强弓,不怕蚊子,不用担心。"天色完全暗下来,竹子的裂缝慢慢合拢了。弟弟躲在竹子中,听到外面嗡嗡的巨响,蚊子在横冲直撞,也听到哥哥跟蚊子搏斗的喊杀声。弟弟十分着急,但却被困在竹子中不能动弹,没法出去帮哥哥。哥哥的声音越来越微弱,慢慢就没了声息,随后蚊子的声音也消失了。太阳出来了,竹子又裂开了巨大的缝隙,备受煎熬的弟弟急不可待地跳将出来,大声呼喊哥哥,却看见哥哥已经只剩下一架白骨,身下紧紧护着两兄弟取回的经书。弟弟强忍悲痛,埋好哥哥的遗骨,背上两份经书继续赶路。可弟弟在竹林走了半天,不知不觉又走到哥哥的坟堆处,换个方向继续走,还是又转回了原处。如此折腾了几次,弟弟这才明白,原来是哥哥不愿留在这里,想要弟弟带他回家。于是,弟弟把哥哥的遗骨挖出来,用竹子做了一副担子,一头挑着经书和行李,一头挑着哥哥的遗骨,朝着家的方向走去。这一次,弟弟终于走出了竹林。

  弟弟夜以继日地往回赶,但肩上的担子越来越重,他快坚持不下去了。这一天,他遇到了一个放羊的老人,老人看见他挑着沉重的担子,担子一头还有一具白骨,就好奇地询问。弟弟将自己和哥哥的遭遇讲给老人听,老人被这两兄弟的勇气和情谊所感动,于是提出送给弟弟一只白色的绵羊,可以驮着哥哥的遗骨赶路。弟弟谢过老人,将哥哥的遗骨驮在绵羊身上,担子一下子就减轻了不少,可以继续赶路了。一路上,弟弟都很用心地照顾绵羊,除了最新鲜的青草和最干净的泉水,还把自己用做干粮的炒麦面也喂给绵羊吃。每次喂食,弟弟都要跪在绵羊前面,以表达自己对绵羊的感激之情。绵羊似乎知道弟弟回家的方向,不用弟弟多说,就带着他往前走,而且再也没有迷路。绵羊驮着哥哥的遗骨,并引领着他们,跋山涉水,终于回到了家乡。

  自此之后,每当普米人去世,家人都会献祭一只白色的绵羊,让它指引亡灵,一路回到祖先的发祥地,认祖归宗。

这就是普米族葬礼中"给羊子"仪式的来历。

这个故事充满了传奇色彩，但作为一种民间记忆的载体和传统文化的象征，这一神话传说首先表达了作为游牧民族的普米人与羊的深厚感情，对提供给他们衣食的羊充满了感激，体现了羊在普米人生产生活以及社会文化中的重要作用，时至今日，在一些仍以耕牧为主要生计方式的普米族村寨中，羊仍然是他们最为重要的家庭财产。其次，这一神话传说中的"取经"之说，也在一定程度上反映出普米人在历史发展过程中勤于向其他民族学习，善于发展自己文化的民族特性。至于所取之"经"为何物，故事中并没有详细说明，但不论是广泛流传于氐羌民族中的"指路经"，还是藏文化的"佛经"，或者是汉文化中的经典，都具有丰富的意义，因为就兰坪普米人而言，其传统文化中就融合了佛教文化、儒家文化、道教文化以及白族本主文化等，而宁蒗的普米文化则更多地受到藏文化的影响。再次，故事中虽已亡故，但却执意要回到家乡的哥哥，以及不辞辛劳带哥哥回家的弟弟，说明了普米人集体意识中根深蒂固的故土观念和祖先信仰。虽然已在滇西北地区定居逾600年之久，但普米人仍在有意无意中表现出他们对"西番"的认同，有条件者也总会寻找各种机会回溯祖先的迁徙路线，走上"寻根"之旅，留下"认亲"之迹。

此外，因为在给羊子仪式中，羊已然成为亡者的化身，对羊的献祭就是对祖先的献祭，而羊对献祭者的"态度"，即吃或不吃、多吃或少吃其献祭的食品，被解读为亡者对献祭者的"看法"。这种仪式场景在某种程度上具有公共场合的特点，即仪式是在众人的"围观"和监督下进行的，对其行为的评价往往会成为一种公共舆论，进而促成仪式参与者，甚至是所有社会成员都自觉遵守社会共同体中的伦理规范，即孝敬父母、尊奉长者。同时，由于仪式本身所具有的神圣性，以及葬礼中哀痛的情感体验，使这一伦理价值对个体行为的规范作用进一步得以强化。

土地与族群：独石头的故事

在怒江傈僳族自治州兰坪白族普米族自治县河西乡箐口村委会与丽江市玉龙县鲁甸乡接壤处，有一片广袤的高山牧场，海拔3 200多米，面积16.8万亩，其中湿地约0.8万亩，水草肥美，风景秀丽。大羊场被认为是金沙江和澜沧江的"分水岭"，大羊场河一股向东北方向流经黎明河汇入金沙江，是兰坪大地上唯一注入金沙江的河流，另一股往南流向通甸河经河西进入澜沧江，形成了一大奇观，同时也具有了更多"分界"的意义。在牧场中间有一块白色的巨石，兀自伫立，将牧场一分为二，被当地人称为"独石头"。关于这块石头，在当地普米族人中还流传着这样一个故事。

在普米族不断南迁的过程之中，各氏族的先祖一路寻觅可以安居之地，在从北到南的路途上留下一个个普米族村寨，犹如洒落在群山中的一颗颗种子，普米人得以落地生根。当普米族的几个氏族辗转来到今箐口村委会地界时，选择了这片草长林深、宜

大羊场杜鹃花海

普米神山
折布折亚

耕宜牧的宝地,并奠定了各个氏族的"老地基"。

这片区域周围居住着傈僳族、纳西族、白族等民族。在大羊场以北,就是纳西族的生息之地,他们也在此放牧、狩猎、耕种。由于生计方式大致相仿,普米族与纳西族在日常生产生活中多有交集,因而也难免摩擦纷争。据说,当时普米族和纳西族各有一个头人,都想在牧场上为自己的民族争得更多的利益,但也想息止两族的冲突,永久化解矛盾,就需要约定一条界线。于是两个头人就共同商议划定界线的方式,最后约定一个日子,在鸡鸣时分,纳西族头人从北往南、普米族头人从南往北分别进入大羊场,两人相遇的地方即是双方的界线。说好的日子到了,鸡鸣头遍,纳西头人骑上高头大马,并驮上一驮银子,优哉乐哉地出发了。普米头人别别扎瓜则只带了一点干粮,轻装上路,来到河边,他扛起一块大石头,迈开大步朝大羊场深处走去。到两人相遇时,普米头人已经走完了大羊场三分之二的道路,而纳西头人只走了三分之一。别别扎瓜把石头往地上一放,说道,根据约定,以此为界。纳西头人一看,十分不满意,他请求普米头人多让一点,后者不干,说怎能言而无信呢,何况我现在累了,背不动这块大石头了,你要我退回去,你就自己来背这块石头吧。纳西头人试了试,自己根本动不了这块石头,于是拿出银子做交换,每退回一百步给一锭银子,别别扎瓜背起石头退回了一千步,拿走了纳西头人身上的十锭银子,将石头放在了现在所在的位置。自此往后，双方遵守约定，以石头为界，相安无事，友好往来。

现在在大羊场看到的这块石头虽然不是十分巨大，但也绝非一人之力所能搬动。不过牧场上独此一块石头，再无其他，为这个故事赋予了更多的传奇色彩。作为一个"外来"民族，普米人对自己的立足之地极为珍视，他们会努力捍卫自己的家园、维护族人的利益。然而，相较于土地，对饱经战乱之苦的普米人而言，和平安定的生活是他们真正向往和努力追求的。他们并不想独霸土地，而是希望与周边兄弟民族和平相处，共同分享大自然的馈赠。这个故事所展现的，正是普米人在处理矛盾时的勇气、智慧和包容。在20世纪30年代前后，当第一批彝族人从凉山地区来到大羊场时，正是普米人允许他们在自己的土地上定居和放牧，现在已成为箐口村委会的三个彝族村民小组。在大羊场——罗古箐生态旅游开发中，各族人民积极参与进来，共同创造美好的生活。

第九章
玉狮场：一个普米族村寨的现代变迁

改革开放给中国社会带来了天翻地覆的变化，少数民族地区也发生着巨大的变迁，人民经济收入和生活水平蒸蒸日上。作为人口较少民族，普米族地区的发展受到诸多因素的限制，但当地人始终不弃不馁，为建设经济发展、科教进步、文化繁荣、社会和谐的小康社会而努力奋斗。普米族村寨玉狮场近十年来的发展过程，正是全国各族人民共同团结奋斗、共同繁荣发展的一个缩影。

在中国的现代化进程中，由于历史过程、地理环境、资源物产、外部条件等因素的制约，少数民族地区的经济社会发展普遍落后于汉族地区，虽然在改革开放之后，少数民族地区社会生产力极大解放，物产资源得到了一定的开发，同时在国家相关政策的帮扶之下，少数民族群众的生活水平得到了一定的提高，但总体发展水平不高，落后的面貌并没有得到根本的改变，与东南沿海经济发达地区相比仍有较大的差距。而且值得我们关注的是，一些少数民族地区的资源在被不断开发，为国家的经济建设做出巨大贡献的同时，当地人并没有得到应有的利益，反而却不得不承受无序开发所带来的生态恶化、社会失衡、文化失传的后果。对于普米族这样一个人口较少民族来说，由于其人口较少，在同其他民族竞争的过程中所能获得的资源也相对较小，而其传统文化也更易遭受外来文化的冲击而发生巨大的变迁。普米族村寨玉狮场近10年来的发展历程，成为探讨少数民族地区经济社会发展与生态保护、文化传承之间关系的经典案例，值得我们思考。

所谓"一个拒绝道路的村庄"

玉狮场隶属于云南省怒江傈僳族自治州兰坪白族普米族自治县河西乡箐口村委会，全村现有86户人家，共369人，全部都是普米族。耕地面积589亩，皆为山地和旱地，种植土豆、荞麦、玉米等普通的粮食作物，只能自给。羊毛纺织、竹器编织、蒸白酒、酿黄酒等手工业多为日常生活服务，也甚少产生经济价值，生活相对穷困。玉狮场地处三江并流世界遗产地主要山脉老君山中，全村林地面积23 753亩，森林覆盖率达90%以上，生长着大量云杉、铁杉、冷杉、红豆杉等国家保护树种，保持了良好的生态环境。玉狮场普米族在同族人中一般都使用普米语，但多能够讲一口流利的汉语方言，部分村民甚至在与周边民族的日常交往和商贸往来中学会了彝族语、白族语或傈僳族语。普米族没有自己的文字，其文化以口传为主，有部分重要文献则以汉字标记。此外，玉狮场村各氏族约8代前即已采用汉姓，全村分为"杨"

▸ 普米族村寨

"和"两大姓氏。这一特点也从一个侧面说明了普米族历史上即有接受汉文化熏陶、与其他民族文化互化的传统和文化机制,这对于历史上曾不断迁徙、与其他民族杂居的普米族来说,似乎是一种必然。

玉狮场本是一个名不见经传的普米族村寨。其所以引起媒体、学者和各种NGO(非政府组织)的极大兴趣,最直接的原因来自于它曾被贴上的一个标签——"一个拒绝道路的村庄",也就是这个普米族村寨"为了保护其传统文化和周边的生态环境而拒绝修路",引起社会各界的广泛关注。深究其中,一方面是在过去几十年里以经济建设为中心的"主旋律"背景中,人们普遍形成了"要致富,先修路"的共识,玉狮场村这一与社会发展的历史潮流背道而驰的"另类"做法必然引致各方的不解和疑问,这是普米族村民的一种"文化自觉"吗?他们是如何抵制住发展经济的巨大诱惑而"安贫乐道"的?另一方面是进入新世纪以来,一则生态环境的保护已经成为迫在眉睫的世界性课题,二则中国政府和社会也越来越重视非物质文化遗产的传承与保护,这样一个普通的普米族村庄却如何能有先见之明,在传统文化和生态环境的保护方面走在了时代之前?如此看来,玉狮场在不经意间似乎代表了一种时代的风向,难免成为特定历史时期的"样板"。

那么,玉狮场的生态环境是如何被保护的?普米族的传统文

玉狮场村

化在这里如何传承和变迁？他们如何面对那个一直困扰着学术界和各级政府的问题——"保护与发展之间的平衡"？我们在多次田野调查后发现，这是一个被外界严重误读了的村庄，问题的实质则指向文化变迁的方向、发展主体的利益表达和话语权。

玉狮场保持了良好的生态环境和相对完好的普米族传统文化，有人将此归功于这个村子至今没有修通道路而令其"遗世独立"，幸免于现代化进程和商品经济的洪流，并主张玉狮场继续保持这种"封闭"状态。因此，"修路，还是不修路"成为玉狮场村民和所有关心玉狮场的人不得不共同面对的一个哈姆雷特式难题，鱼和熊掌能否兼得？在村子里存在着下述多种话语体系，各种观点和力量在这里进行博弈：

第一，陈哲及其"土风计划"在玉狮场。一个至今没有一条道路的村庄之所以广为外界所知，最初源于音乐人陈哲于2003年起在玉狮场开展的"土风计划——村寨文化传承项目"，尝试对传统文化进行"活化传承"，在村寨中建立传习馆，进行民间艺术传承及多种形式的舞台展演，以"促进民族文化由资源优势转化为民族文化产业优势"，即所谓的"传承社会化"。"土风计划"让这个人口较少民族及其充满魅力的民间艺术为越来越多人所认知，玉狮场也借此扩大了知名度，引来外界的普遍关注。陈哲认为，"路通树倒"，玉狮场要保持其传统文化和生态环境就不能修路，一旦修通了道路，森林将被砍伐，外来文化将冲击以至摧毁普米族传统文化。

第二，媒体的介入与话语的焦点。在受众正被因发展经济而破坏生态环境的各种报道不断冲击之时，在国家提出"绿色GDP"概念的背景之下，玉狮场人与道路的故事显然具有巨大的新闻价值和时代特征。从2003年开始，众多媒体涌入玉狮场，围绕其修路问题制造出一个典型的"媒介事件"。《中国青年报》（周欣宇：《一个拒绝道路的村庄》，2006年9月20日"冰点特稿"）、《中国经济时报》（袁越：《一个"政策性贫困"的村庄》，总第491期，2008年8月11日）、《三联生活周刊》（冯永锋：《一个被修路所惑的村庄》，2006年10月11日）、中央电视台（第10频道"绿色空间"栏目2008年7月15日、16日晚19：37播出）等全国性媒体对玉狮场村进行了集中报道，越来越多的人知道了这个"拒绝道路的村庄"，在网络上引起热评，大多数的受众都对村民们充满了敬意，玉狮场成了他们眼中的"净土"和"灵魂家园"，一个典型被树立起来了。

第三，NGO和志愿者的行动介入。由于"一个拒绝道路的村庄"这样一个标签，玉狮场村在中国环保界、学术界获得了非同寻常的知名度，吸引着众多NGO和志愿者进入村子，以自己的方式影响着玉狮场人对生态环境和传统文化的观念和行为。如"大树基金"发表《"留住美好大树"倡议书》，号召社会各界积极"认养"玉狮场的大树；云南生态网络与北京大学MBA班为玉狮场筹集到1 500册图书；2007年底至2008年初，美籍华人张宏博士与德国环保人士安妮在玉狮场停留了将近半年的时间，进行环保教育；从2008年初起，"生物多样性与传统知识研究会"（CBIK）即计划在玉狮场推广"太阳能烘干机"项目，但未能正式实施。

第四，学者的介入。作为人类学研究者的我们也是被玉狮场的"传奇色彩"所吸引而进入村子的，也就不可避免地介入到这个话语博弈的过程之中，去思考学者在村社发展中的身份、角色和责任的问题。人类学家坚信成功的可持续的对话只有以认真考虑当地知识和自然的行为，也许还有某些经过改造的专业知识为基础，方能进行下去。

玉狮场作为"一个拒绝道路的村庄"而"因祸得福",其"知名度"带给村民们一些意想不到的资源,玉狮场通过这种方式与外来的知识和思想产生交接,并使村民们在某种程度上融入现代化的进程之中。

"道路选择"中的玉狮场

在生态保护、文化传续与经济发展的博弈中,道路无疑是其中最为关键的问题。在各种话语体系之外,在现代化建设日益迫近玉狮场的进程中,玉狮场人面对修路问题是一种什么样的态度呢?

1984年,怒江州林业局投资在河西乡建立州林业局清水江林场,采伐清水江国有林,1986年,林场将林区公路修到了玉狮场后山集体林,并开始砍伐,被玉狮场人坚决阻止,林区公路也因此未能继续修到村子。这就是玉狮场被称为"一个拒绝道路的村庄"的故事原型。实际上,玉狮场人对道路的态度发生了一个阶段性的变化:在新中国成立前想不到要修路,"大集体"时代不敢想修路,包产到户之后努力寻找机会修路。改革开放30年以来,随着村子与外界社会经济文化的联系越发紧密,玉狮场人修通道路的愿望日益迫切。

在经济方面,玉狮场自给自足的生计模式已成为过去,商品经济逐渐融入村民的生产生活中,而道路问题成为商品流通的瓶颈。村中的核桃、苹果、药材、野生菌等农林产品外运只能靠人背马驮,成本倍增。此外,生产物资和工具要运进村子更是艰难,生产效率得不到有效地提高。村里人说,没有路,玉狮场的经济发展比外村落后了十年;在教育方面,金鼎锌业希望小学的建设在建材运输方面耗费巨大,几乎与建设资金相当。在集中办学政策的影响下,玉狮场小学现已停办,孩子们得走三个多小时的山路到村委会箐花乡中心小学上学,极为艰难;在医疗卫生方面,每当村中有人生重病,四个青壮年抬一副担架马不停蹄花两三个小时往乡卫生院送,山路上甚至不能两人并排行走,充满危险,有病急者抬到半路就已不治;在环境保护方面,普米族居住的木楞房需要大量的木材修建,而且每隔几年就得更换木板,需要砍伐又粗又直的木料做板材。从改善生活条件的角度,相关部门免费提供"扶贫瓦",但需要自行负责二道转运,其他建材的运输也需要耗费巨大的成本,村民建房、修房仍不得不依赖于森林。同时,普米族的火塘长年不灭,以做饭或取暖,所耗薪柴巨大,若经济发展水平足以使村民用上清洁高效的电能、太阳能、风能或沼气等,对森林的威胁自然会降低。

对于外界"路通树倒"的担忧,村民给我们举了这样一个例子。2006年7月间,有外地客商看中了玉狮场丰富的森林资源,欲与当地政府合作开发松脂,并给予村民每公斤松脂1.4元的优惠价格,可观的经济收入几乎唾手可得,不啻为一个巨大的诱惑,但村民们商量后一致决定拒绝这个"项目",他们认为"树和人一样,它的生命就是通过这些松脂来养活,你把它的血都抽了,它就会像人一样死去,我们就不同意"。但客商仍不甘心,坚持开采,最后村民们放出"狠话":"如果你要割它的话,我们准备动手,你要割松香就要先割我们大家了。"在村民的坚决抵制下,客商停留数日后只得选择放弃。此外,村组干部向我们强调,商品林的开采必须经过林业规划设计院的实地勘察和指导,实行科学开采,国家林业法规的威慑力也多了一份强制与约束。同时,林权制度改革的逐步推进更将森林的保护与村民的切身利益紧密联系起来,乱砍滥伐的景象当不会出现。

修路带来的影响

道路不仅仅是一种基础设施,其所具有的物资流通、人口流动、信息传播等方面的"功能",还使其成为调整村庄与外界关系模式的重要方式。在云南少数民族农村,道路的修建正使其迅速摆脱与外界的"隔绝"或"孤立"状态,融入更为宽广的政治经济过程之中,村庄的生态环境、经济生计、传统文化乃至社会结构也随之发生巨大的变迁。在经历了诸多曲折之后,直至2009年底,玉狮场才终于修通了第一条可以通行车辆的道路。那么,对玉狮场而言,其生态环境、传统文化或社会结构因道路的修建而出现了怎样的变迁呢？在玉狮场的道路修通三年多后，我们对道路建设与村庄的变迁进行观察和思考。

"路通树倒"——关于森林的保护与利用

因为巨大的森林资源，在玉狮场修通道路之前，来自外界的反对之声更多来自对所谓"路通树倒"的担忧，因而在道路修通之后，"砍树"就成了一个极其敏感的话题，其间发生的几个事件可以作为我们探讨的依据。

2011年3月间，怒江州林业总公司清水江林场进行采伐工作，玉狮场人出动40多村民前去阻拦，历时四天四夜，日夜坚守在伐木场，不准伐木工人采伐。玉狮场人认为，他们祖辈几代人为这片国有林的保护与管理付出了巨大的心血，每有火险出现，都是玉狮场人自发组织扑灭的，因此，他们应该从林业采伐中获得应有的补偿。后来，经县、乡两级政府协调，玉狮场人获得了总共15万元的补偿款，这笔钱按人头平均分到了每户人家；云南松是玉狮场及周边村寨较为普遍的树种，是工业原料松香的主要来源。传统的采集方式，是在树根捡拾松树自然分泌积聚的块状松香，对松树没有伤害，同时也可以减少火灾隐患。但现在的采集方式却是采取类似割胶的方法，直接在松树树干上割出口子，让松脂流出。据村民说，一棵松树如果被割了口子采松脂，就像一个人被割开了血管放血一样，过不了几年松树就会死亡。近年来随着松香市价的攀升，不少商贩盯上了河西乡几个村委会的松林，以每棵松树1元到2元的价格与村民订购松香，在附近的村委会和箐口村委会的几个村民小组，已经有部分村民上山割松香了，但玉狮场并没有出现这种情况；箐口村委会松达小组的通电工程原来规划的线路是溯玉狮场河而上，为保证高压电线的安全，需要砍伐超过3 000方的树木。但在玉狮场特殊的舆论环境中，任何的砍伐行为都极为敏感，如此大规模的砍伐必然引起外界的强烈关注。后来在乡政府和乡林业站的协调下，决定改线德胜村委会，虽然线路增长、投资增加，但终归保护了玉狮场的森林。

实际上，玉狮场的林木并非完全没有被砍伐，我们在进村的路边还是发现了不少残留的树桩，但没有出现成片砍伐的现象。

调查发现，这些被砍伐的树木均为日常生活所用。在村民有条件使用更为清洁、环保的能源，或者有足够的经济能力建盖砖瓦房之前，对林木的正常消耗是无法禁绝的。但由于修路事件所导致的"风波"，玉狮场的林木已经成为各类媒体和各级政府部门重点"盯防"的对象，不管是本村还是外村的盗伐者多不敢妄动。如此看来，当初的舆论压力仍然体现出其积极的价值。

"要致富，先修路"——路通之后的经济与生计

玉狮场村民盼望道路修通的最为重要的原因，或者说最为直接的目的，就是希望发展经济、改善生产条件、提高生活水平。而当道路修通之后，村民的生计方式和经济条件又是怎样发生变化的呢？

玉狮场村民小组2009—2012年度经济统计数据

	户数（户）	人口（人）	人均粮食（公斤）	人均收入（元）
2009年度	86	361	314	1163
2010年度	86	365	320	1393
2011年度	86	368	418	1732
2012年度	86	369	442	1980

上表为玉狮场村民小组近4年来的经济统计数据。需要说明的是，该数据由村民小组统计完成，其方式是抽取村中富裕户、中等户、贫困户各一户，以其平均数为全村人均经济收入统计结果。从上表可以发现，村民的粮食和收入都有一定的增长，去年2012年的人均收入已比2009年道路修通前增长了70%，在一定程度上显示出道路通达对经济发展已经表现出积极的作用。

在玉狮场的道路开通之初，村民杨万久就已经买了村里的第一辆农用车，这也是第一辆开进玉狮场的汽车。此后几年，玉狮场村民购买的各种车辆已接近10辆。农用车和拖拉机主要是货运，面包车主要是客运，但在某些情况下，客、货是可以不分的，除了在本村的运出运进之外，还在临近乡镇承揽各种运输业务，他们的生意都还不错；村民和光全、和勇兄弟于2011年春节

玉狮场村外的山林

后在村中建了一个沙场,同样直接得益于道路的修通,一方面,道路的修通使大型的砂石加工机械运进村中成为可能;另一方面,道路的修通也为砂石的运输与销售创造了基本的条件。在"新农村建设"项目的建设中,和家的沙场提供了玉狮场村道路硬化所需的全部砂石,节省了可观的费用。更为重要的是,村里不少人家建房盖屋需要大量砂石,和家的农用车直接就可以送货上门;在2009年之前,玉狮场有3家小卖部,在道路修通之前,他们每周六靠人背马驮的方式从河西进货,存货量极为有限。道路修通之后,新增了两家小卖部,他们只要给乡里的供销社打个电话,就可以由村里的拖拉机将货物捎回来,过一段时间之后再去结所赊账款。在运输成本大为降低的情况下,村里的销售价格也相对修路之前有所下降,在村民收入不变的前提下,其消费能力有所提高,生活水平相应得到改善;2010年后,玉狮场村民建新房的热情极大地迸发出来了,村中有十余户人家都已开始兴建新房,而计划近几年建新房的人家则更多,暂时不建房的人家也计划至少把院坝中的泥土地打成水泥地。道路的修通为玉狮场人修建房屋提供了诸多便利条件,成为乡村面貌发生巨大变化的主要因素。当然,修通道路最大的便利是为农牧产品的外销创造了条件,村里的芸豆、核桃、药材甚至猪、鸡、羊等产品都有了很好的销路,甚至商贩会开着车到村子里收购,价钱与河西街上基本持平，村民的经济收入在稳步提高。

可以理解的是，当条件具备或者机会出现时，并不是所有人都能够同时把握住时机。对于不同的村民来说，玉狮场道路修通的意义也是不一样的。一些有能力的人家抓住机会加入到商品经济的潮流中，经济收入和生活水平大幅提高。但由于经验、技术、能力的局限，部分村民从道路修通上所获得收益相对有限。显而易见的是，玉狮场必然要出现"一部分人先富起来"的现象，村民间的贫富差距出现了逐步扩大的迹象，以财富为尺度的社会分层正在显现，进而使传统社会中因年龄、辈分、亲缘关系而形成的社会地位发生改变，形成新的社会身份差异乃至政治地位差异。

保守还是开放——社会文化的发展趋向

文化的变迁是一个渐进的、相对较为缓慢的过程，在短期之内难以观察到其显著的变化。但毋庸置疑的是，道路的修建在一定程度上可以促进信息的传播、人口的流动和物资的流转，进而引起生计模式、生活方式乃至思想观念的进一步转变。

村寨景观是玉狮场最为直观的变化。在道路修通之前，玉狮场就是一座座散落在山坡上的木楞房所构成的普米族传统聚落，房屋被烟火熏染成烟灰色，与山坡上的树木和田野浑然一体，和谐而宁静。不可否认，木楞房与玉狮场人的传统习俗和生计方式之间有着密切的关系，但在某种程度上已经不适于人们对现代物质生活的需求。于是在道路修通之后，通过政府部门的扶持，近几年来玉狮场出现了越来越多的砖瓦房，村落景观已经大为改变。对外人而言，玉狮场已经失却了普米族村寨的"特色"，而村民则认为这是他们正在"赶上"外面的生活的一个标志。新建院落的建筑材料变了，但仍然大致保持了原有的结构，而作为普米族日常生活和仪式活动中心的火塘，可能已经开始使用上了瓷砖和电器，但其基本结构和其上的仪式与禁忌仍然被很好地保存下来，家人或来客在火塘上的座次依然长幼有序、男女有别，在节庆或婚丧仪式中依然要在火塘上"祭三脚"，等等。

道路的修通并不必然带来观念的"开放"，一直被河西乡的其他普米族村寨视为"保守"的玉狮场依然如故，杨国栋老人的葬礼事件充分说明了这一点。2012年年底，村中86岁高龄的普米族"诗比"杨国栋老人去世，一位一直跟踪拍摄杨国栋的纪录片导演希望能够拍摄老人的葬礼，尤其是隆重的"给羊子"仪式，虽然这位导演已经与杨家结下了非常密切的关系，并通过多方游说，但老人的几个儿子多番争论后还是无法达成一致的意见，最终拒绝了拍摄。在杨家人看来，葬礼中的给羊子仪式是儿孙与亡灵最后一次"亲密接触"，是神圣而庄重的，外人或摄像机的在场将打破仪式的肃穆，是对亡灵的惊扰。值得讨论的是，颇具现代意味的影像技术与古老的给羊子仪式之间似乎仍然存在着一种隔阂，影像所具有的记录、展映、传播功能及其先天被赋予的"娱乐"特质，与葬礼仪式所具有的私密、神圣、悲痛等情感之间显得格格不入。由此可见，道路的通达使人们能够更容易进入村子，但并不意味着可以轻易打破传统文化原有的惯性。

◀ 编草帘

这种文化的惯性也得到了其他力量的推动。由于箐口村委会是云南省文化厅命名的"普米族传统文化保护区"，加之陈哲"土风计划"在玉狮场的推动，一些项目的实施给村民带来了实际的利益，因而当地人对"民族传统文化"的认识相对更为深刻，无形中增强了村民的文化自觉意识，他们在一定程度上并不认为固守传统是一种消极的"保守"。此外，"人口较少民族"身份也在一定程度上强化了普米族人的文化危机意识，对于一些可以标明其民族身份的文化事项，如普米语、火塘、"给羊子"、三大节（吾昔、清明、中元）等，反而多了一种保护和传承的意识。

▶ 普米火塘

很多外来者认为，玉狮场原本是一个民风淳朴、和谐宁静的村寨，但现在已经变得人心不古、吵闹纷扰。在笔者看来，其中原因在于，一是道路的修通促进了物资的流通，使商品意识和竞争意识逐渐强化，难免出现"锱铢必较"的现象；二是玉狮场修通道路的艰难过程，使村民的权利意识逐渐觉醒，自我意识不断增强，他们开始通过各种手段主动争取和维护自己应得的利益；三是村寨权威与意见领袖的缺失，在原村委会主任杨周泽以及"诗比"杨国栋等德高望重的长者去世之后，有些文明成果没有得到巩固与强化。在发展的过程中，传统社会中基于情感、道德、理想之上建立的联结关系，必然向因生活需求和功能依赖而形成的相互依存关系转变，最为明显的特征是以物质利益为根本内容的经济关系。人们的价值观念、生活态度和行为规范都在发生着巨大的变化，在某种程度上，或可说明玉狮场也正走在传统社会向现代社会转变的道路上。

综上，在经历了修路事件带来的喧嚣之后，玉狮场的生态环境不可避免地受到了一定程度的影响，但在传统文化的惯性和国家政策法规的制约下，这种影响正得到有效的遏制和修复，村民已经意识到，道路的修通并不意味着可以对森林无节制地开发。而在传统农耕已经丧失竞争优势，道路的修通将他们融入更为宽广的市场经济过程中之时，村民内部的竞争及与外界的竞争将日趋激烈。在如此态势下，村庄原有的宁静或将一去不返，道路带来的人口流动、物资流通、信息传播将不断加剧村庄文化变迁。2013年8月间，兰坪县政府决定加大对玉狮场发展和保护的扶持

玉狮场的草场和羊群

力度,把进村道路改造为弹石路、解决人畜饮水问题,同时也采取一系列措施推进普米族传统文化的传承保护,并借此推动文化产业和旅游业的发展。玉狮场获得了另一个重要的发展机遇,也必将发生更为深刻的社会文化变迁。

解决"保护"与"发展"的难题,应保证当地人作为利益主体的话语权和选择权,尊重农民的思考和实践的能力以及地方性知识的积极作用,让他们真正参与到社区和民族的发展过程中来。在与玉狮场村人的交流中,我深为钦佩他们的发展意识与生存智慧,以及对自己民族和村社命运的深切思考,所谓专家学者的意见并不见得一定比他们高明。在区域发展不平衡、各民族之间存在着现实上的不平等的条件下,国家应在政策和资金上予以更大程度的扶持,如"区域生态补偿"机制的建立等,以维护地区之间的公平和民族之间的团结,通过发展促进少数民族地区和谐社会的建设。非政府组织和志愿者的积极作用亦不可忽视,他们可以将世界各地成功的环保和扶贫经验介绍进来,如绿色和平组织在巴布亚新几内亚进行的"间伐"经验等,并有可能争取基金会的财力和物力支持。外部力量和内部主观能动性的合作与充分协商，积极主动地调适社会文化基础，进行制度创新，以一种开放的姿态迎接可能出现的挑战，或将为少数民族地区的社会经济的可持续发展建设一条真正的道路，使少数民族群众能够和全国人民一起分享改革开放和现代化建设的成果，在中华民族伟大复兴的中国梦里写下每一个民族的篇章。

第十章
普米族区域自治与优秀人物

　　民族区域自治制度是我国的基本政治制度之一。新中国成立之后,在普米族聚居区先后建立了兰坪白族普米族自治县和宁蒗县翠玉傈僳族普米族乡,使普米族群众当家做主的权利得到有力的保证。在这一过程中,一大批优秀普米族儿女逐渐成长起来,在各条战线上为祖国的现代化建设和各民族的团结进步做出了应有的贡献。

普米族区域自治

普米族是中国具有悠久历史和古老文化的民族之一。普米族自称"普日米""普因米""培米",在普米语中,"普""培"都是"白"的意思,而"米"意为"人"。所以各地称呼略有不同,但含义皆为"白人"。汉族旧时先后称普米为"西蕃"、"西番",普米与今羌语支所属部分语群同为旧"西番"的组成部分,作为一种民间记忆,云南省兰坪县大部分地区的普米族仍习惯自称"西番"。迁入云南省的普米,在民族识别工作组与族内知名人士协商的基础上,决定取消"西番"这一他称,改称为"普米族"。

据2010年11月1日第六次全国人口普查数据,普米族全国人口为42 861人。从行政区划上来看,其中有42 043人居住在云南省境内,主要分布在云南省西北部的兰坪、永胜、维西、凤庆、香格里拉等县和宁蒗彝族自治县,在四川省西南部的木里和盐源两县也有普米人居住。兰坪、宁蒗两县普米族人数最多,是普米族的主要聚居地。兰坪县共有31个村为普米族聚居村,23个杂居村。1987年11月27日,兰坪县被国务院批准设立为白族普米族自治县,成为全国唯一的普米族参与自治的县。同一时期,宁蒗县设立了翠玉傈僳族普米族乡,普米族人口2 689人(2007年数据)。

兰坪白族普米族自治县

兰坪白族普米族自治县,隶属怒江傈僳族自治州。地处云南省怒江傈僳族自治州的横断山脉纵谷地带,北接维西傈僳族自治县,东北连玉龙纳西族自治县,东南靠剑川县,南邻云龙县,西与泸水县、福贡县接壤。国土面积4 388平方公里,辖4乡4镇,总人口21万人,境内居住有白族、普米族、怒族、藏族、汉族、傈僳族、彝族等14个民族。是中国唯一的白族普米族自治县。

兰坪白族普米族自治县地处中国西南边陲怒江、澜沧江、金沙江"三江并流"世界自然遗产核心区。地理和交通呈星型向"三江并流"国家级风景名胜区的周边各县辐射,是滇西四地十

"拒绝道路的村庄"——玉狮场村

县旅游环线的中心节点和主要入口，自然成为三江并流区旅游通道的中心驿站，"三江之门"是兰坪旅游文化品牌。

兰坪森林、生物资源丰富，位于金顶凤凰山的特大铅锌矿已探明储量1 429万吨，居亚洲第一、世界第二，因此兰坪又被称为中国的"绿色锌都"。

翠玉傈僳族普米族乡

翠玉傈僳族普米族乡位于云南省宁蒗彝族自治县。乡政府位于县城西北54公里，海拔2 240米，总面积617.60平方米，辖6个行政村、67个自然村，是宁蒗县的粮食主产区之一。

翠玉傈僳族普米族乡东与红桥乡相邻，南与金棉乡拖脚村相连，西与丽江鸣音、宝山乡隔江相望，北与永宁、拉伯相隔。全乡系于绵绵山脉之间，平均海拔2 240米，年平均气温13.4摄氏度，年降雨量900毫米，总面积，耕地20 267亩，林地809 234亩。辖6个村委会，67个自然村，人口14 712人，3 389户，居住有傈僳、普米、彝、汉、藏等民族，全乡最高海拔4 510.3米，最低海拔1 600米，相对高差2 910.3米，立体气候显著，可谓"一山有四季，十里不同天"，在农业上分为三个区：江边河谷区、半山区和高寒山区。江边河谷区主要居住着傈僳族，主产水稻、

翠玉傈僳族普米族乡

玉米、小麦;半山区居住着汉、普米族,主产水稻、玉米;高寒山区居住着彝、藏等民族,主产洋芋、荞子、燕麦等作物。

该乡的主要产业为种植业、养殖业,主要销往县外、省内。

普米族优秀人物

少数民族各行各业人才的培养,不仅是国家现代化建设的内在需要,同时也是民族发展和社会进步的重要条件。尤其是在少数民族地区,做好少数民族干部的培养、选拔、任用工作,是推行民族区域自治,做好民族工作的关键。普米族虽为人口较少民族,但同样是中华民族大家庭中不可缺少的一员,他们也同全国人民一样是国家的主人,也要行使当家做主的权利,也要为祖国的建设贡献力量。新中国成立以来,在各级党委政府和社会各界的关心和支持下,普米族地区的文化教育水平不断发展,培养了一大批优秀的普米族儿女,他们在不同的岗位上努力工作,取得了重要的成绩。

在此特将不同行业中的普米族优秀人物摘录于下,是为表率,也为督促。需要说明的是,所收录人物只是普米族众多优秀人物中的一部分,挂一漏万在所难免。

党政机关篇

姓 名	性别	出生时间	学 历	籍贯	政治面貌	岗位职级	备 注
熊胜祥	男	1955	研究生	宁蒗	中共党员	原云南省宗教事务局局长、党组书记	曾获全国模范个人
和润培	男	1954	大学	兰坪	中共党员	原云南省供销合作社党组书记、主任	著《怒江峡谷经济》《悠悠怒江情》《路》《桥》等等，高级工程师
胡忠文	男	1952	研究生	宁蒗	中共党员	原云南省民委副巡视员，著名学者	云南民族学会普米族研究会会长，创办《普米研究》并担任主编
和润才	男	1956	大学	兰坪	中共党员	怒江傈僳族自治州人大常委会副主任	曾获全国绿化奖章
胡革红	男	1964	研究生	宁蒗	中共党员	丽江市政协副主席	曾获农业部农业产业化先进工作者
熊元德	男	1963	大学	兰坪	中共党员	兰坪白族普米族自治县人民政府县长	
胡江辉	男	1983	博士	宁蒗	中共党员	昆明市东川区区长	
胡智勇	男	1960	大学	兰坪	中共党员	怒江傈僳族自治州检察院党组副书记、常务副检察长	
和树军	男	1966	研究生	兰坪	中共党员	原兰坪白族普米族自治县人民政府县长	
张志宏	男	1962	大学	维西	中共党员	迪庆藏族自治州安监局局长	
熊国才	男	1972	研究生	宁蒗	中共党员	云南省宗教事务局办公室主任	曾撰写《云南基督教》被评为云南省政府社科成果一等奖

续表

姓 名	性别	出生时间	学 历	籍贯	政治面貌	岗位职级	备 注
杨周群	男	1969	研究生	兰坪	中共党员	怒江傈僳族自治州统战部常务副部长、州工商联党组书记	曾荣获省先进工作者、先进个人、优秀公务员
熊德林	男	1945	高小	兰坪	中共党员	原怒江傈僳族自治州民政局局长	
熊向宇	男	1955	大专	兰坪	中共党员	怒江傈僳族自治州政协经科委主任	
和克明	男	1959	大学	维西	中共党员	原迪庆藏族自治州生物办主任	
曹新文	男	1958	大学	宁蒗	中共党员	国家民族事务委员会人事司民族干部处	曾为云南省男子排球队队员
杨仕堂	男	1955	大学	兰坪	中共党员	原兰坪白族普米族自治县委副书记	曾获全国人民满意公务员
和国忠	男	1951	大专	兰坪	中共党员	怒江傈僳族自治州公安局副局长	
和玉根	男	1962	大学	兰坪	中共党员	怒江傈僳族自治州政协文教科卫委主任	
杨丽萍	女	1968	大学	兰坪	中共党员	怒江傈僳族自治州委组织部副部长、老干局局长	
马仲勋	男	1963	大专	维西	中共党员	迪庆藏族自治州民委主任	
胡万清	男	1902	高小	宁蒗	中共党员	曾任丽江地委委员，宁蒗彝族自治县副县长、县人大常委会副主任	为民族解放做过积极贡献，曾受到毛泽东、刘少奇、周恩来、朱德的接见
杨吉文	男	1969	大学	兰坪	中共党员	兰坪白族普米族自治县政府副县长	
杨德光	男	1965	大学	兰坪	中共党员	怒江傈僳族自治州检察院环资处处长	

续表

姓 名	性别	出生时间	学 历	籍贯	政治面貌	岗位职级	备 注
杨登科	男	1965	大学	兰坪	中共党员	兰坪白族普米族自治县政协副主席	
杨桂宝	男	1963	大学	兰坪	中共党员	兰坪白族普米族自治县政府党组成员	
和启泰	男	1932		兰坪		曾任兰坪白族普米族自治县人大常委会副主任	生前从事教育、政协、人大工作,以高尚的品行受族人爱戴
鹿在跃	男	1962	中专	兰坪	中共党员	原贡山独龙族怒族自治县人民政府副县长	
和树英	女	1968	大学	兰坪	中共党员	兰坪白族普米族自治县人大常委会副主任	
和春梅	女	1981	大学	兰坪	中共党员	怒江傈僳族自治州团委副书记主持工作	
胡革山	男	1951	初中	宁蒗	中共党员	原宁蒗彝族自治县人大常委会副主任	丽江市普米传统文化研究会会长,曾获云南省政府科技三等奖
曹学军	男	1967	大学	宁蒗	中共党员	丽江市检察院监督办副主任、派驻监察室主任	
和毅繁	男	1962	大专	兰坪	团员	曾任泸水县法院院长	第八、第九届全国政协委员
和仕龙	男	1964	研究生	兰坪	中共党员	怒江傈僳族自治州法制局副局长	
熊汉峰	男	1975	大学	兰坪	中共党员	贡山独龙族怒族自治县人民政府常务副县长	
胡江林	男	1975	研究生	宁蒗	中共党员	丽江市委党联办专职副主任	

续表

姓名	性别	出生时间	学历	籍贯	政治面貌	岗位职级	备注
熊国胜	男	1969	大学	兰坪	中共党员	怒江傈僳族自治州农业局党组副书记、纪委书记	
和万仙	女	1963	大学	维西	中共党员	迪庆藏族自治州检察院民事行政检察处处长	
杨金发	男	1970	大学	兰坪	中共党员	兰坪白族普米族自治县公安局政委	
和文华	男	1937	高小	兰坪	中共党员	原兰坪白族普米族自治县人大常委会副主任副处级.	第三届全国人大代表,人大民委委员,曾受到毛泽东、周恩来的亲切接见
胡镜明	男	1931	大专	宁蒗	中共党员	原宁蒗彝族自治县政协副主席、县政府调研员	创立宁蒗县普米族传统文化保护协会,任副会长
胡革华	男	1955	大专	宁蒗	中共党员	原宁蒗彝族自治县政协副主席	曾被国务院授予"全国民族团结进步模范"
马红升	男	1938	中专	宁蒗	中共党员	原宁蒗彝族自治县政协副主席县政府调研员	
马光全	男	1941	高中	宁蒗	中共党员	原宁蒗彝族自治县人大常委会副主任、工会主席	
胡玉更	男	1978	大学	兰坪	中共党员	怒江傈僳族自治州质监局质检中心主任	

企业管理篇

姓名	性别	出生时间	学历	籍贯	政治面貌	岗位职级	备注
杨道群	男	1946	高中	兰坪	中共党员	原云南冶金集团党委副书记、云南金鼎锌业公司党委书记	获云南省优秀企业家称号,省政协连续四届委员,高级经济师

续表

姓　名	性别	出生时间	学历	籍贯	政治面貌	岗位职级	备　注
鹿辉阳	男	1971	研究生	兰坪	中共党员	西南交通建设集团总经理	机电高级工程师
杨玉生	男	1956	大专	兰坪	中共党员	云南冶金集团总公司党委常委、云南金鼎锌业公司党委书记	政工师
杨奎文	男	1956	大专	兰坪	中共党员	原云南金鼎锌业公司工会主席	曾获云南省先进工会工作者、五一劳动奖章
和应发	男	1969	大学	兰坪	中共党员	云南金鼎锌业公司副总经理	律师
和少龙	男	1970	大学	兰坪	中共党员	云南金鼎锌业公司董事会秘书长、公司办公室主任	
杨周明	男	1965	大学	兰坪	中共党员	云南金鼎锌业公司总经理助理二冶炼厂厂长、书记	高级政工师，部级劳动模范，兰坪普米族研究会会长
和汝兰	男	1933	初中	兰坪	中共党员	原任昆明钢铁公司后勤处党支部书记	第一代普米族国企干部
杨金堂	男	1968	大专	兰坪	中共党员	云南金鼎锌业有限公司机械厂厂长、书记	工程师
杨文元	男	1968	大专	兰坪	中共党员	云南金鼎锌业有限公司采矿一厂厂长、书记	工程师
和晓权	男	1969	大学	兰坪	中共党员	怒江傈僳族自治州三江民族贸易公司董事长	经济师
和润泽	男	1968	大学	兰坪	中共党员	云南滇银实业有限公司董事长	兼任云南普米族研究会副会长
和昆生	男	1973	大专	兰坪	中共党员	昆明市坤淼商贸有限公司董事长	
郭长宝	男	1964	中专	宁蒗	中共党员	宁蒗彝族自治县龙德绿色产业有限公司总经理	云南省青年科技星火带头人

续表

姓名	性别	出生时间	学历	籍贯	政治面貌	岗位职级	备注
和桂荣	男	1957	大专	兰坪	中共党员	三江经贸有限公司、兰坪白族普米族自治县民用爆破专营公司董事长、党委书记	经济师
胡忠盛	男	1962	大学	宁蒗	中共党员	农发行丽江市分行纪委副书记、监察室副主任、中心总经理	在丽江"二·三"地震中荣获"优秀共产党员"称号
熊伟	男	1945	大专	兰坪	中共党员	原兰坪白族普米族自治县铅锌矿副矿长、怒江州工商联副会长	怒江州第一个高级会计师,著有《乡镇冶金工业企业会计核算》

文教卫生篇

姓名	性别	出生时间	学历	籍贯	政治面貌	岗位职级	备注
曹文彬	男	1967	研究生	宁蒗	中共党员	丽江市文联党组书记,著名诗人,省作协副主席	曾获第五、七届少数民族文学创作骏马奖,荣获20多次国内文学奖
胡文明	男	1964	大学	宁蒗	中共党员	西南民族大学特约教授,丽江市党史研究室研究员	出版《普米研究文集》等
熊贵华	男	1949	大专	兰坪	中共党员	原兰坪白族普米族自治县政协文史委主任正科级,中教一级	著名文化人,著有《普米族志》《木里纪行》《雪盘赋》等
尹善龙	男	1949	大专	兰坪	中共党员	普米族第一个高级记者	先后42次荣获国家级、省级、地州级少数民族文学创作奖

续表

姓 名	性别	出生时间	学 历	籍贯	政治面貌	岗位职级	备 注
熊永翔	男	1968	博士	丽江	中共党员	云南师范大学文学院党委副书记	主持参与《中国普米族宗教研究》，发表学术论文40多篇。
殷海涛	男	1962	大学	宁蒗	中共党员	云南文化馆研究员	创作及发表诗歌、散文、音乐、理论研究成果及荣誉颇丰
蔡金华	男	1975	大学	曲靖		《风光》杂志社总编辑、社长、法人	云南省作协成员，论著颇丰
杨照辉	男	1944	大学	兰坪		原云南省社科院少数民族文学研究所研究员	曾获云南省民间文学优秀作品奖，著作丰富
杨银清	男	1937	大学	兰坪		云南省公路局大理总段宣传部部长高级政工师	
熊向宝	男	1960	研究生	兰坪	中共党员	曾任兰坪白族普米族自治县环保局副局长	曾获全国环保系统先进个人全国环境网人才库专家，著名文化传承人
马正宏	男	1962	大学	宁蒗	中共党员	宁蒗彝族自治县民族宗教事务局局长	著名民族文化传承人，曾获"全国民族团结进步模范个人"奖
和继春	女	1970		玉龙	中共党员	玉龙纳西族自治县粮食局正科级副局长非常重视民族文化的传承与保护工作	第十、十一届全国人大代表，多件议案被国家给予重视
李玉生	男	1948	初中	兰坪	中共党员	任兰坪白族普米族自治县文化局局长	国家三级作曲，词曲作品及民族音乐舞蹈论著颇丰
和瑞林	男	1958	大专	兰坪		怒江水产站主任科员	新中国第一个普米族高级农艺师

续表

姓 名	性别	出生时间	学 历	籍贯	政治面貌	岗位职级	备 注
曹翔	男	1968	大学	宁蒗		云南作家协会成员	曾获第九届少数民族文学创作"骏马奖"
郭建东	男	1971	大学	宁蒗		丽江玉龙雪山印象旅游文化产业公司常务副总经理	建立音乐工作室,组建羊皮褂乐队
鹿辉庭	男	1962	大学	兰坪	中共党员	兰坪一中校长	曾获云南省优秀基层领导干部称号
鹿辉宝	男	1957	大专	兰坪		原兰坪白族普米族自治县职业中学校长、书记	曾获云南省职业教育先进工作者
杨光泽	男	1963	中专	兰坪	中共党员	河西乡中心学校校长	曾获全国民族教育先进个人、云南省中小学知名校长等
熊永增	男	1952	中专	兰坪	中共党员	原兰坪白族普米族自治县医院支部书记	曾荣立三等功,副主任医师
杨求花	女	1962	中专	兰坪		兰坪白族普米族自治县医院	怒江州人大代表、副主任医师
麦色·偏初里	男	1959	盐源	宁蒗		第二十七代韩规传人	丽江市首批民间传统文化传承代表人物

军营战士篇

姓 名	性别	出生时间	学 历	籍贯	政治面貌	岗位职级	备 注
和霁云	男	1926	高中	兰坪	中共党员	生前任边纵七支队政委,后任兴仁区人民政府主席	普米族干部中20世纪40年代早期地下党员之一
和泗清	男	1924	高小	兰坪	中共党员	曾任边纵七支队参谋	普米族地区最早加入共产党之一、最早参加人民解放军的普米族干部

续表

姓 名	性别	出生时间	学 历	籍贯	政治面貌	岗位职级	备 注
和跃文	男	1948	高小	兰坪	中共党员	生前为连长	该连被中央军委授予英雄连称号，和跃文本人被追记烈士一等功
和瑞廷	男	1956	初中	兰坪	中共党员	兰坪白族普米族自治县供销合作社	曾参加对越自卫反击战，个人荣立一等功
和金鹏	男	1943	高小	兰坪	中共党员	原怒江傈僳族自治州边防支队副支队长、支队党委委员	曾荣立三等功一次、荣获省级献身边防三十年奖章
曹新贵	男	1948	大专	宁蒗	中共党员	宁蒗彝族自治县民政局副局长	曾在部队荣立2次三等功，曾获民政部"孺子牛"奖
杨文学	男	1962	初中	兰坪	中共党员	兰坪白族普米族自治县公安局	原怒江州片马边防派出所所长，少校军官
何忠云	男	1972	大专	宁蒗	中共党员	西双版纳傣族自治州公安边防支队景洪大队小街边防派出所正营职干事	武警少校军衔
熊春晖	男	1987	大学	兰坪	中共党员	西昌卫星发射中心	中国人民解放军国防科技大学毕业，取得国家篮球一级裁判资格证书
和求玉	男	1920	高小	兰坪	中共党员	曾任边纵七支队排长，为云南的解放事业做出过积极贡献	转业后一直在德宏工作，是普米族早期离休干部之一

艺术体育篇

姓 名	性别	出生时间	学 历	籍贯	政治面貌	岗位职级	备 注
曹新华	男	1956	大学	宁蒗		原云南省歌舞团民族声乐团团长	云南省歌舞团国家一级演员

续表

姓名	性别	出生时间	学历	籍贯	政治面貌	岗位职级	备注
茸芭莘那	女	1990	大学	兰坪		国家歌剧院独唱演员	国家歌唱演员,多次荣获国家级奖励,多次代表国家随团出国演出
和英贤	男	1963	大专	兰坪	中共党员	怒江傈僳族自治州文化局副局长兼州民族歌舞团团长	国家二级歌唱演员,曾获国省州级先进个人
杨国樑	男	1962	大专	兰坪	中共党员	兰坪白族普米族自治县三江艺术团团长	国家二级演员,省级先进个人
曹玉莲	女	1984	大学	宁蒗	团员	云南省女子击剑队队员	曾获全国青年击剑锦标赛个人第七名
熊杰	男	1984	大学	宁蒗	中共党员	云南省体工大队柔道队运动员	曾获全国男子柔道锦标赛第三名,云南省十一届柔道锦标赛冠军

参考文献

1. E. 霍布斯鲍姆, T. 兰格. 传统的发明. 南京: 译林出版社, 2004
2. 阿图罗·埃斯科瓦尔. 人类学与发展. 国际社会科学杂志, 1998（4）
3. 保罗·康纳顿. 社会如何记忆. 上海: 上海人民出版社, 2000
4. 弗朗索瓦·佩鲁. 新发展观. 北京: 华夏出版社, 1987
5. 弗朗兹·博厄斯. 原始艺术. 贵阳: 贵州人民出版社, 2004
6. 葛荣玲. 图腾崇拜与生态平衡. 语文学刊（读写教学版）, 2005（6）
7. 拉德克里夫·布朗. 安达曼岛人. 桂林: 广西师范大学出版社, 2005
8. 兰坪白族普米族自治县林业局. 兰坪白族普米族自治县林业志. 昆明: 云南民族出版社, 1997
9. 兰坪县民族事务委员会, 兰坪县政协民族研究室. 普米族志. 昆明: 云南民族出版社, 2000
10. 李勤. 大众传播对少数民族文化的影响. 当代传播, 2005（5）
11. 李松发. 试析兰坪少数民族的丧葬歌舞. 民族艺术研究, 1992（2）
12. 李亦园. 民间文学的人类学研究. 民族艺术, 1998（3）
13. 列维·斯特劳斯. 民族学者的责任. 民族译丛, 1979（4）
14. 马凌诺夫斯基. 西太平洋上的航海者. 北京: 华夏出版社, 2002
15. 聂乾先. 中国民族民间舞蹈集成·云南卷. 中国ISBN中心, 1999
16. 庞元正. 当代西方社会发展理论新闻词典. 长春: 吉林人民出版社, 2001
17. 普米族民间文学集成编委会. 普米族歌谣集成. 北京: 中国民间文艺出版社, 1990
18. 普米族民间文学集成编委会. 普米族故事集成. 北京: 中国民间文艺出版社, 1990
19. 阎云翔. 私人生活的社会变革: 一个中国村庄里的爱情、家庭与亲密关系（1949—1999）, 上海: 上海书店出版社, 2006
20. 殷海涛. 简论普米族民歌. 中央民族学院学报, 1990（2）
21. 郑杭生. 现代性过程中的传统和现代. 学术研究, 2007（1）
22. 朱凌飞. 修路事件与村寨过程——对玉狮场道路的人类学研究. 广西民族研究, 2014（3）
23. 朱凌飞. 玉狮场: 一个被误解的普米族村寨——关于利益主体话语权的人类学研究. 民族研究, 2009（3）

图片提供者

（按姓氏音序排列）

和勇	第37页（下）	第13页	第55页	第101页
第156页	第38页	第15页（上）	第56页	第102页
胡仕海	第40页（下）	第16页	第58页	第106页
第31页	第44页	第17页	第59页	第108页
第33页（上）	第48页	第18页	第60页	第112页
第35页	第49页	第19页	第62页（上）	第115页
鹂鹂	第52页	第20页	第63页	第116页
第142页	第61页	第21页	第66页	第119页
第143页	第62页（下）	第22页	第69页	第125页
李松发	第85页	第23页	第70页	第136页
第149页	第139页	第24页	第74页	第137页
熊贵华	**云南省数字乡村网**	第25页	第76页	第138页
第54页	第171页	第26页	第77页	第145页
第110页	第172页	第27页	第78页	第146页
第114页	**张冬冬**	第30页	第79页	第155页
第118页	第68页	第33页（下）	第80页	第162页
第124页	第72页	第34页	第83页	第164页
第129页	第90页	第36页	第84页	第165页
第130页	第96页	第37页（上）	第89页	第166页
第134页	第122页	第39页	第91页	
第144页	第123页	第40页（上）	第95页	
第150页	第127页	第46页	第97页	
杨周明	**朱凌飞**	第47页	第98页	
第14页	第10页	第50页	第99页	
第15页（下）	第12页	第51页	第100页	

后记

从2008年起与普米族结缘、与玉狮场结缘,至今已历时8年,其间曾从不同的角度对这个民族、这个村寨进行过民族学和人类学诸方面的专题研究,但却尚未对多年来所收集的普米族经济社会文化方面的资料进行过系统的整理,值此辽宁民族出版社组织编撰《走近中国少数民族丛书》,方有机会与动力完成这一亏欠已久的工作,尽管我们的研究尚不够成熟和深入,也不揣冒昧将所学和盘托出,求教于各位方家。

民族学与人类学对某一族群的研究并非朝夕之功,常常要持续数年的时间,并要求研究者真正参与并融入到当地人的生活之中,尝试从当地人的视角来审视他们的文化,并"解释他者的解释"。因此,是否为当地人所接纳,就成为一项民族学研究是否能够取得预期成果的重要条件。对于这一点,我们深感幸运。在长期的民族迁徙和历史发展过程中,普米族人与众多兄弟民族频繁互动、深入交流,造就了他们善于学习他人优秀文化和先进经验的民族特质,对外来者持有一种开放包容的态度。更为可贵的是,普米族人大多豪放爽朗、真诚友善,对于每一个前来研究他们民族的学者都怀有一种感激之情,他们希望有更多人来了解他们,将他们引以为自豪的民族文化传播出去。因此,相对于其他的研究者来说,我们得以较为容易地进入村寨,进入他们的生活之中。在此后几年的时间里,我们几乎每年都要去至少一趟几个普米族村寨,少则七八天,多则逾月,少则三五人,多则二十几人,无不受到他们热情的接待和配合,让我们能够顺利地完成调查工作,也使我们对普米族社会文化及其变迁的了解能够步步深入。在这一过程中,我们开始与玉狮场人、普米族人结下了深深的缘分。当我被玉狮场人称为"半个普米儿子",并被戏谑式地授予"玉狮场荣誉村民"的名号时,我感到了莫大的荣耀。

在当地人面前,我自视为小学生,他们是我的老师。其中一位一直被我尊称为"杨老师"的老人、普米族诗比杨国栋已于2012年过世,享年86岁,但他给我们讲过的那些过去的故事、那些山和水间居住的神灵、那些日常生活中的智慧,却已深深地留在我们的记忆中,并不断地在我们的笔下展现出来,我想这也是老人生前不厌其烦地给我们讲述、展演时所期望的吧。同样给予我们无私帮助的,还有杨金茂老人、杨文铎老人、和国鹏老人、和金华大叔,他们对普米族传统文化的丰富知识让我受益匪浅,我愿意尊他们为师,祈望他们健康长寿。此外,还有杨金辉、杨道光、和伟科、杨玉繁、杨兴昌以及三界村委会的杨青元、鹿宏勋等,他们是普米族村寨数十年来发生深刻变迁的亲历者,从他们身上我看到了普米族人不屈不挠、努力奋争的精神,我视他们为兄长。当然,还有那个我们一到玉狮场就杀猪烤肉,与我们一起喝酒唱歌的和军,与他相处的时光总是最为愉快的。很高兴能有这样一个机会向他们表达我的感激之情,但囿于篇幅,我还是无法把那些我想感谢的人一一列出,把那些我想说的话一一道来,就把这本书作为礼物送给他们吧。

此篇后记由我执笔,因而需要在此加以说明的是,兰坪普米族研究会会长杨周明与我一起合作完成了本书。杨周明身为普米族人,对自己的民族和家乡怀有深厚的感情和强烈的责任感,同时他对民族学和民族文化的深刻见解也让人至为叹服,因而我们每一次的讨论,不论是对于本书的写作还是我个人的研究,都极富启发意义。

尽管我知道普米族的同胞和玉狮场的乡亲们对我总是充满了包容,但当这样一个文本呈现在他们面前时,我仍然感到惶恐。好在有辽宁民族出版社的李璜老师为我们把关,以她严谨的工作态度和优秀的职业素养,把这一并不算成熟的作品做到尽量精致,并具备了一定的知识性和可读性,这让我们在面对严格的读者时具有了更多的信心。

朱凌飞

2014年8月26日